Social Welfare

福祉・介護の仕事&資格がわかる本

資格試験研究会 編
実務教育出版

あなたに向いている福祉・介護の仕事と資格 –

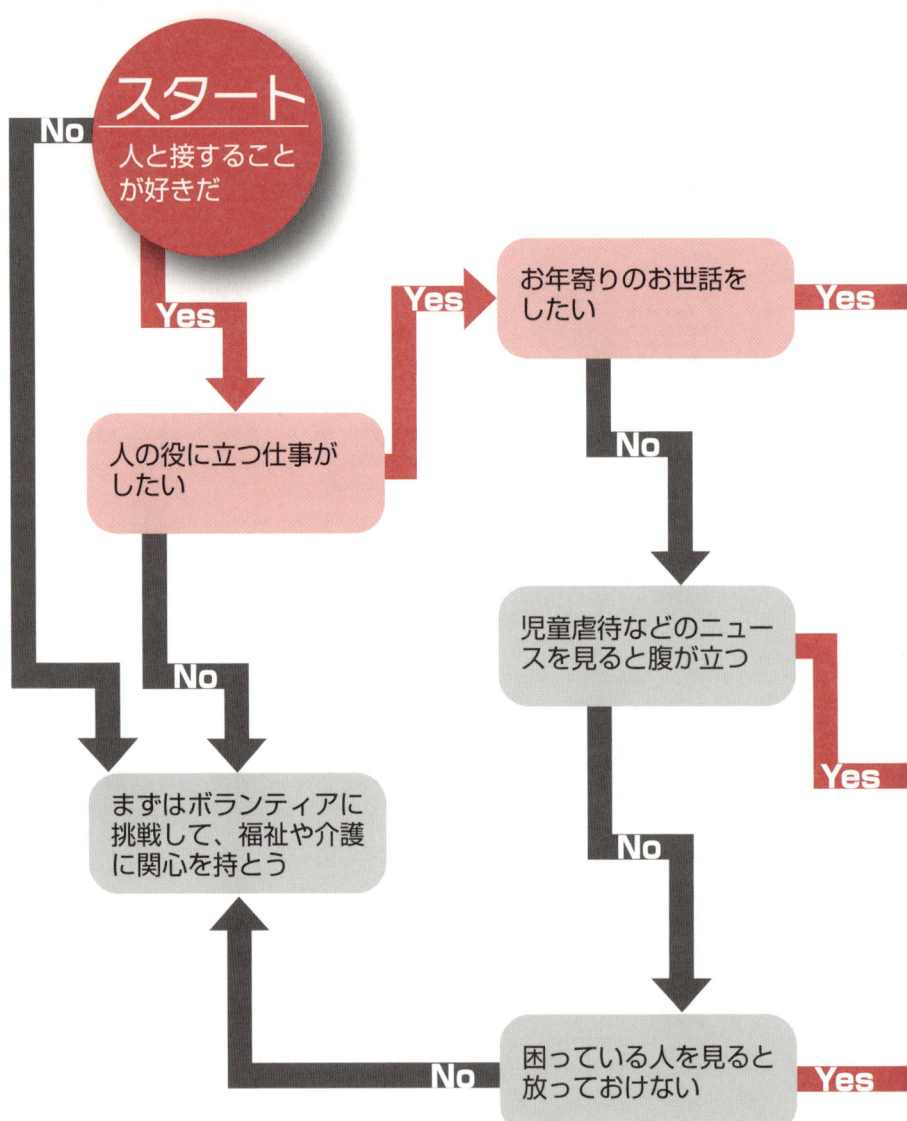

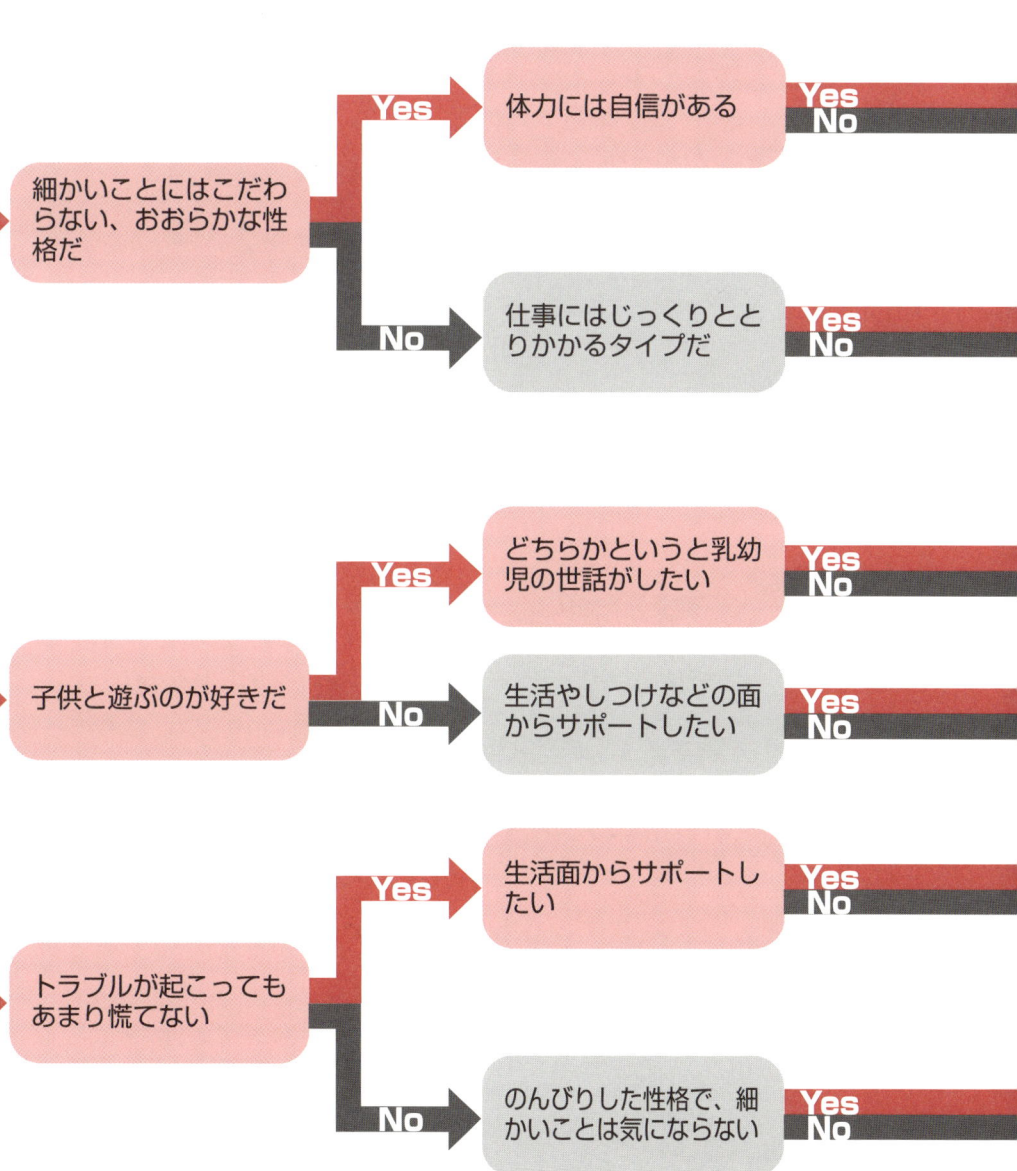

	主な職場	働く人の主な資格
Yes	老人介護福祉施設(56ページ)、有料老人ホーム(66ページ)、認知症グループホーム(68ページ)	社会福祉士(126ページ)、介護福祉士(129ページ)、介護職員初任者研修(137ページ)、栄養士(176ページ)
No	老人デイサービスセンター(71ページ)、訪問看護ステーション(74ページ)	介護福祉士(129ページ)、介護職員初任者研修(137ページ)
Yes	介護老人保健施設(61ページ)	理学療法士(140ページ)、作業療法士(143ページ)、言語聴覚士(152ページ)、看護師(186ページ)
No	老人福祉センター(78ページ)、その他の高齢者施設	社会福祉士(126ページ)
Yes	保育所(80ページ)、乳児院(82ページ)	保育士(179ページ)、看護師(186ページ)、栄養士(176ページ)、調理師(184ページ)
No	児童養護施設(86ページ)	保育士(179ページ)、看護師(186ページ)、栄養士(176ページ)
Yes	肢体不自由児施設(91ページ)、重症心身障害児施設(93ページ)、その他の障害児施設(95ページ)	保育士(179ページ)、看護師(186ページ)、栄養士(176ページ)
No		
Yes	精神障害者訓練施設(114ページ)、障害者授産施設(116ページ)	保育士(179ページ)、看護師、(186ページ)、栄養士(176ページ)
No	障害者授産施設(116ページ)、障害者福祉工場(122ページ)	社会福祉士(126ページ)
Yes	障害者更生施設(106ページ)、身体障害者療護施設(112ページ)	社会福祉士(126ページ)、介護福祉士(129ページ)、理学療法士(140ページ)、作業療法士(143ページ)、言語聴覚士(152ページ)など
No	地域活動支援センター(104ページ)、障害者デイサービスセンター(120ページ)	社会福祉士(126ページ)

注：栄養士には管理栄養士も含みます

目次

第1章
現場インタビュー──福祉・介護の仕事の魅力と現実

「仕事現場の実情を正直にお伝えします！」 10
中村与人 さん
社会福祉法人多摩済生医療団　多摩済生園・多摩済生ケアセンター副施設長

ケアマネジャー　竹本香恵さん　38
「実務経験さえ積めば、ステップアップの
道が開けている介護の仕事」

介護福祉士　内田 瞳さん　42
「明日は一緒にご飯が食べられないかもしれないから、
今、この瞬間を楽しんでほしい」

看護師　永井巧一さん　46
「患者さんに十分なケアをするためには、
看護師には「知恵と工夫」が大切」

管理栄養士　赤岩亜紀さん　50
「食べることは生きること。
ならば美味しく、楽しく食べてほしい」

第2章
福祉・介護の職場ガイド

介護老人福祉施設（特別養護老人ホーム）　56
養護老人ホーム　59
介護老人保健施設　61
軽費老人ホーム（A型・B型・ケアハウス）　63
有料老人ホーム　66

認知症グループホーム（認知症対応型共同生活介護）68
介護療養型医療施設　70
老人デイサービスセンター（通所介護）71
訪問看護ステーション　74
地域包括支援センター（介護予防支援事業所）　76
老人福祉センター　78
福祉用具貸与事業所　79
保育所　80
乳児院　82
児童館　84
児童養護施設　86
児童自立支援施設　89
肢体不自由児施設　91
重症心身障害児施設　93
その他の障害児施設（知的障害児施設／知的障害児通園施設／自閉症児施設／盲児施設・ろうあ児施設）　95
母子生活支援施設　98
婦人保護施設　100
その他の母と子の施設（情緒障害児短期治療施設／母子福祉センター／母子休養ホーム）　102
障害者支援施設・地域活動支援センター・福祉ホーム　104
障害者更生施設（肢体不自由者更生施設／視覚障害者更生施設／聴覚・言語障害者更生施設／内部障害者更生施設／知的障害者更生施設）　106
身体障害者療護施設　112
精神障害者生活訓練施設　114
障害者授産施設（身体障害者授産施設／知的障害者授産施設／精神障害者授産施設）　116
障害者デイサービスセンター　120
障害者福祉工場　122

第3章
福祉・介護の資格ガイド

　社会福祉士　126
　介護福祉士　129
　社会福祉主事　132
　ケアマネジャー（介護支援専門員）　134
　介護職員初任者研修（ホームヘルパー2級相当）　137
　理学療法士　140
　作業療法士　143
　義肢装具士　146
　臨床心理士　149
　言語聴覚士　152
　盲導犬訓練士　155
　手話通訳士　158
　健康運動指導士　161
　精神保健福祉士　164
　音楽療法士　167
　福祉住環境コーディネーター　170
　福祉レクリエーションワーカー　173
　栄養士・管理栄養士　176
　保育士　179
　児童指導員　182
　調理師　184
　看護師　186
　特別支援学校教諭　189
　サービス介助士　191
　児童の遊びを指導する者（児童厚生員）　193
　ベビーシッター　196
　福祉用具専門相談員　198

第1章

現場インタビュー
―― 福祉・介護の仕事の魅力と現実

「仕事現場の実情を正直にお伝えします！」

こんにちは、中村与人です。私は障害者施設7年、老人ホームで15年働いてきました。働きながら社会福祉士、ケアマネジャーの資格を取得し、現在は介護老人福祉施設で施設長をしています。またデンマーク留学で福祉先進国の現状をつぶさに観察してきました。そんなこれまでの経験のなかから、実感していることを正直にお伝えします！

福祉や介護の仕事にふさわしい適性って何でしょうか？

やはり、人と人とが常に向き合う職場ですから、人と触れ合うことが好きなタイプだといいですね。

ただ、もしあなたが、自分は人づきあいが苦手だと思っていても、少し待ってください。周りの環境や自分のちょっとした心がけで、そんな意識も変わるかもしれませんよ。

興味があるなら、この世界へ飛び込んでみませんか！

きつい仕事ですか？

「きつい仕事」って、言われてますが…

いいえ、それは違います！
きつい、ということは決してありません。「きつい」というより、「やりがいがある」と私は思っています。

まず、福祉・介護の仕事についてのさまざまな誤解について、ちょっと考えてみたいと思います。

「普通の事務職と比べたら、きつい

第1章 現場インタビュー

「仕事現場の実情を正直にお伝えします！」

でしょう？」「個人差もあるでしょうが、辛いものはやっぱり辛いのでしょう？」

福祉・介護の現場で20年以上働いていると、そんな質問をよく受けます。

きつい、というのは曖昧な言葉です。感じ方は人それぞれなので、そのように感じる人がいることも事実です。ただ私の経験からすると、そのように言う人の多くは、他の世界をまったく知らないようです。

一般企業の他の職場を経験してきた人のなかには、「思っていたほど大変ではないですね」と言う人もいます。

福祉・介護の仕事より一般企業での仕事のほうが、精神的にきついことはたくさんあるのではないでしょうか。

また、介護業務は体力的にきついとも言われますが、一般企業でもそれは同じことです。外回りの営業職や、工場などで常に立ちっぱなしの仕事をしている人たちと比べて、「肉体的・体力的にきつい」とは言えないでしょう。

例えば、最近はアトピー性皮膚炎の若者が増えています。福祉・介護の現場でも、アレルギーを持っている人も多く働いています。

排泄介助、入浴介助等では、常に手洗い、手指の消毒を行うため、アトピー性皮膚炎でかなり辛い思いをしている人も多くいます。ですが、ハンドクリームをつけたり、手袋をしながら一生懸命仕事を続けています。

私の友人に美容師がいるのですが、アトピーのひどい人は仕事を断念しなければならないそうです。手袋をはめた手では、お客さまのシャンプーはできませんから……。

やりたい仕事でもあきらめなければならない人がいることを考えれば、好きな仕事ができるのですから「きつい」なんて言ってはいられませんよね。そんなこと言ったら、甘えていると思われてしまいますよ。

また、福祉・介護の仕事は「腰痛が職業病だ」と言われています。これも正しく理解されているとはいえません。確かに腰痛持ちの職員は、少なくありません。しかし、この仕事にかぎったことでしょうか？ 私は、肉体を使う仕事だけでなく、事務系の仕事をされている人にも多くみられる「現代生活病」だと実感しています。

腰痛はある程度は予防と改善ができるものです。例外的な人もいますが、腰に悪い生活習慣をしている人ほど「腰が痛い！」と言っていませんか？

ある程度の年齢になると、「腰痛」という現代病が表れるものだと考え、その対応をする必要があると思いま

す。身体を使う仕事をする人は、スポーツ選手と同じだと考えてください。給料をもらっている以上は「健康管理も仕事のうち！」なのです。

私も若いときからの腰痛に悩んでいます。生まれつきの原因がしっかりあります（自慢ではないのですが……）。なので、日々、ジョギング、水泳などのスポーツで、腹筋力、背筋力の維持は欠かしません。いい仕事をするうえでの義務だと考えているからです。

どんな仕事にもいえることかもしれませんが、人を相手にする仕事は特に、肉体的にも精神的にも健康でなければいい仕事はできません。そして、精神的な健康は、肉体的な健康の上に成り立っていることが多いと思います。

くり返しますが、「きつい」仕事だなんてことはありません！　断言できる理由には、多少の辛さにも増しておつりがくるほどの「やりがいと感動」があるからです。

確かに、最近の福祉・介護業界は、あらゆる意味で厳しくなっているのは事実です。経営も厳しいですし、利用者・家族の権利意識も高くなりました。また、不可抗力の事故にもかかわらず、周囲やマスコミから厳しい批判を受けることもあります。

しかし、そのなかでも日々のやりがい、1日の充実感、利用者の笑顔には、いやなこともすべて吹き飛ばすほどの魅力とパワーがあるのです。

汚い仕事なんですか？

「汚い仕事」だとも言われていますが？

「汚い」ということも決してありません！
「汚い」というより「喜び」があると感じています。

入浴介助や排泄介助などの面からだと思いますが、「汚い仕事なのではないのか？」という印象を持っている人がいます。

福祉・介護は、人間の生活すべてのことについて、お手伝いさせていただ

き、自らも学んでいく仕事です。当然、食べることから、排泄することまでにかかわる仕事です。

　考えてみれば、全裸の人を入浴介助すること自体、普通の生活ではめったにないことでしょう。利用者の方のことを、自分のこととして考えてみてください。全裸を見られ、下の世話もしてもらう。どんなに恥ずかしい気持ちがあっても、だれかに手伝ってもらわなければならないのです。

　その気持ちを思うと「汚い」なんて言葉は失礼だと思いませんか。だれだって、歳を取り、最終的にはだれかの手を借りなければならない時がくるのです。自らの排泄物を汚いと思う人がいますか？　すべては人間生活の自然な営みなのです。

　「溜飲が下がる」「通痢」（心理学的に浄化作用などという意味で使われます）という言葉があります。こうした言葉は「すっきりした！　気持ちいい！」という「うれしい・喜び」の意味で使われますが、これは「食べる」「排泄する」という人間の自然現象が、それだけで「喜び」につながる、重要な行為だからです。

　ところが、歳を取るにつれて、食事をしたり排泄することが機能的にむずかしくなってきます。全体的な筋力の低下等により、飲み込む力や出す力が弱くなってくるのです。どちらも人間生活にとって欠かせない行為ですので、食が細い人の食欲が増進したり、便秘の人に排便がみられた時などは、ご本人が喜ばれることはもちろん、ケアしている私たち職員も、自分のことのようにうれしく感じられます。

　便秘気味のある先輩職員は、利用者が快便なのを見ると、自らも「すっきりした感じがする！」と言って、喜んでいました。人間の当たり前だと思っていた行為が、喜びにつながり、職員もうれしくなってくる、楽しいことだと思いませんか？

　そうは言っても、私だって初めてこの仕事に就いたときには、戸惑いもありました。

　例えば、施設特有の何ともいえないにおいです。私が就職した25年くらい前は、まだ施設の設備も整っておらず、施設に入ると何となくにおいがしたものです。

　でも、人それぞれ体臭や口臭があるように、建物の中にもそうした生活臭は大なり小なりどこにでもあるものです。むしろ、自然とそれがその施設の個性のようにも感じられるようになりました。現在は空調もよくなりましたので、ほとんど気にはなりません。

第1章 現場インタビュー

「仕事現場の実情を正直にお伝えします！」

給料が安いとも言われてますが？

「給料が安い仕事」なんでしょうか？

「給料が安い」ということもありません！　総合的に見れば「いい職場環境」だと思います。

　給料のことは、だれしも気になりますよね。テレビ・新聞等で、福祉・介護業界での人手不足が報じられるたびに、その理由の一つに給料が安いことがあげられています。実際に数字を示して一般企業の平均年収と比べ、この業界は給料が安いとされていました。

　しかし、一般企業の平均給与の内訳が記されているわけではなく、「一般企業の平均」といっても、その中身はかなり曖昧だなあと感じていました。

　私は、一般企業と比べる際にも、年齢、学歴、また事業所の規模やその所在地など、きちんとそろえて比べてみれば、福祉・介護業界の給与額とそれほどの差は出ないのではないかと思っています。

　特に最近ではデフレが進行し、多くの業界で給与が上がっていないこともあり、福祉・介護業界の給与が特に低いということはないと思います。

　ですから、「福祉・介護」は「ボランティア精神」「奉仕の心」で、安い給料でもがまんしなさい！　というのはまったくの誤解です。

　世の中の仕事は、給料も職場環境も

ここをチェック！

見た目の給料にだまされるな！

　月給の提示方法にはテクニックがあります。手取りなのか、他手当を含むのか、保険料等を差し引かれているのかを確認しましょう。特に福祉・介護分野では「〇〇手当」が別に付いたり、夜勤手当がもともと含まれていたり、などによっても大きく違ってきます。賞与はどうなのか、年金や退職金の確認も当然行いましょう。小規模な事業所だと社会保険等に不備なところもあるかもしれません。こうした部分の確認は大切です。

ピンからキリまでありますが、他の分野の仕事に就いている私の友人たちと比べてみても、給料が大きく違うと感じたことはありません。

ただし、一般企業と少し違う側面もあります。そこで、「初任給」に注目してみましょう。

厚生労働省の調査結果（表1）を見てください。他職種と比べて、福祉・介護業界（表では医療、福祉）の給料が、大幅に低い水準ではないことがわかると思います。

ただ、初任給は悪くなくても昇給率の側面から考えると、一般企業とは違って、福祉・介護の事業所はその多くが営利目的ではないため、残念ながら、がんばればがんばった分だけ給料に反映されるということはありません。

また、一般職員の1年間の給与アップ率は、正直言ってあまり高くありません。何となく年数だけを重ねていってしまうと、何年か後には、入職当時は同じくらいの初任給だった一般企業の友人と、給与額に大きな差がついていた、なんてことにもなりかねません。

しかし、一つ実感していることがあります。特に女性の「生涯所得」は、一般企業と比べて、高い、ということ

「仕事現場の実情を正直にお伝えします！」

表1 産業別、性別、学歴別の初任給

単位：千円

産業	男				女			
	大学院修士課程修了	大学	高専・短大卒	高卒	大学院修士課程修了	大学	高専・短大卒	高卒
産業計	225.6	201.8	173.0	160.1	228.4	196.5	168.4	153.6
建設業	219.2	205.7	182.2	166.2	218.2	198.9	171.8	149.2
製造業	225.8	201.4	177.8	160.1	226.9	195.8	166.2	151.9
情報通信業	224.0	205.8	181.8	164.2	227.9	204.4	157.6	152.8
運輸業、郵便業	221.5	195.1	172.5	160.7	218.8	189.9	157.3	157.5
卸売業、小売業	222.6	203.6	169.1	155.7	218.6	199.8	170.5	156.0
金融業、保険業	226.8	196.6	172.0	141.4	210.3	189.6	158.5	145.0
学術研究、専門・技術サービス業	229.8	213.3	182.6	157.8	229.4	208.1	166.1	157.8
宿泊業、飲食サービス業	182.2	197.3	164.7	157.1	200.6	186.9	165.4	152.3
生活関連サービス業・娯楽業	219.5	205.5	164.4	165.9	201.4	191.2	166.0	164.5
教育、学習支援業	229.4	204.5	163.9	155.2	239.0	195.8	174.3	151.1
医療、福祉	217.4	191.5	172.0	148.7	223.5	198.2	169.3	152.1
サービス業	233.6	201.5	171.0	161.3	246.3	197.3	164.2	154.7

出所）「平成24年賃金構造基本統計調査結果（初任給）の概況」厚生労働省

です。それはなぜかというと、産休・育休等で休業しても、仕事に正職員として復帰しやすいからです。引っ越し等で職場を移る際も、全国どこでも働き口はあるので、正職員としてすぐに働ける可能性は高いと言えます。これは福祉・介護業界の大きな利点だと思います。

ですから、長くこの仕事に関わっていようと考えている人は特に、キャリアアップをめざすべきです。福祉関係の資格、例えば介護福祉士や社会福祉士、ケアマネジャーなどの資格を取得して、その組織のリーダー（主任や課長）、そして事業所（施設）の副所長や所長へというステップを踏んでいく

── ここをチェック！──

措置制度と介護保険制度はここが違う

　「措置制度」と「介護保険制度」の２つの制度について、施設運営という側面から、簡単に説明しましょう。

　「措置制度」を運営的に説明しますと、収入はすべて「税金」で支払われていたといえます。多くの事業所では、公務員に準じた「俸給表」を使用し、定められた月給、賞与、昇給がありました。施設運営についても、よほどのことがないかぎり事業所がつぶれることはないので、職を失う心配もありませんでした。

　「介護保険制度」では、基本的に、施設運営費は「保険料」からまかなわれます。お客さま（サービスの利用者）の状態（要介護度等）や人数によって、介護報酬として事業所に支払われます。「措置制度」の時代と比べると、収入が安定していないので、企業努力も必要になってきます。ましてや不正などを行ったり、間違いが改善されないような事業所は、当然、運営できなくなることもあります。

　そういった面からすると、以前よりは、給与的にも運営的にも厳しくなっているといえます。特に大都市圏の施設の経営が厳しいと言われています。全国一律の介護保険制度のため、物価、土地、食材料費等が高い大都市部の施設では、その分、人件費を圧迫するわけですから、地方の施設より、給与に割安感が生じることがあるかもしれません。反対に、地方では、福祉・介護の仕事が大きな就職先としての役割を果たしていることも少なくありません。

　いろいろな側面がありますが、賞与・社会保険・年金等々のことを総合的に考えると、福祉・介護業界は、安定した、将来性のある職業だと思います。

　私が学生だった頃は、「銀行は倒産しない」「病院はつぶれない」とよく言われていました。今はどうでしょう？　数年前には「経営の神様」「時代の寵児」ともてはやされた人でさえ、どうなっているかわからない時代なのですから。

ことが必要です。

このことは、ただ自分の給与面のためだけではなく、自分が理想とする「福祉」に近づくためにも、大切なことだと思います。

役職に就けば、それまでとは違う仕事もしなければならず、苦労も多くなるとは思いますが、その分「やりがい」「喜び」も増え、さらにモチベーションが上がってくることでしょう。

もちろん、この仕事には男女の差はありません。機会はだれにも平等にありますので、管理職に就くことは努力次第です。まだまだ男性優位といわれる一般企業に比べると、女性本来のやさしさ、気づかいなどが大切な福祉・介護業界は、女性のパワーが生かせる絶好の場所であるともいえます。

給与などに関してもう少し述べると、介護の世界では2000年に介護保険が導入されましたが、それ以前に比べ、給与面や運営面について厳しくなったことは事実です。

介護保険導入は、それ以前の制度（措置制度といいます〈☞前ページ〉）からの大転換であったため、その後の運

「仕事現場の実情を正直にお伝えします！」

表2　産業別、入職・離職状況（平成23年）

産業	入職者数 万人	（うち転職入職者数）万人	離職者数 万人	入職率 %	（うち転職入職率）%	離職率 %
産業計	630	392	641	14.2	8.8	14.4
建設業	28	20	29	10.8	7.6	11.4
製造業	72	46	80	8.6	5.6	9.7
情報通信業	14	9	17	9.8	6.1	12.1
運輸業、郵便業	27	20	33	10.2	7.3	12.1
卸売業、小売業	107	62	109	12.5	7.2	12.7
金融業、保険業	13	7	13	8.9	4.7	9.2
不動産業、物品賃貸業	9	7	9	13.8	9.9	13.1
学術研究、専門・技術サービス業	14	10	13	11.4	8.2	11.0
宿泊業、飲食サービス業	102	50	104	27.2	13.2	27.8
生活関連サービス、娯楽業	31	20	37	19.2	12.4	22.8
教育、学習支援業	36	22	36	12.6	7.7	12.6
医療、福祉	97	61	86	18.0	11.3	15.9
複合サービス事業	6	3	6	8.3	4.6	9.5
サービス業（他に分類されないもの）	73	56	67	24.0	18.4	22.1
その他	2	1	2	6.4	4.2	6.2

出所）「平成23年雇用動向調査の概況」厚生労働省
注）入職率とは、新たにその産業に就職した人の割合。離職率とは、反対にその産業を辞めた人の割合をさす。

営状況がまったくつかめず、業界全体に不安感が広がっていました。この業界ではあまりなじみのなかった「パート雇用」が進み、給与面も抑えられる傾向が各事業所に見られました。

しかし、介護保険制度の導入からすでに10年以上が経過し、こうした混乱も落ち着いてきました。

また、2009年には介護報酬が3％引き上げられ、さらに同年10月から、「介護職員処遇改善加算」が導入されました。これは、支給要件を満たした介護サービス事業者に対して、介護職員の賃金改善を図るための加算です。

手続きの複雑さもあり、現場ではやや混乱と疑心暗鬼な部分もありましたが、この制度を申請・導入した事業所は、月給で1万円前後は上がっています。他の業界からはうらやましい出来事でしょう。今後も給与は下がることはなく、上がっていくばかりの分野であることは間違いありません。

それからもう一つ、テレビなどでよく言われるのが、福祉・介護の職場では「離職率」が高いということです。でも、本当でしょうか？

前ページの表2は、厚生労働省の「平成23年雇用動向調査の概況」です。これを見てもわかるように、福祉・介護（表では医療、福祉）業界の離職率は平均並みで、他の業界に比べ、決して離職率が高いわけではないのです。

休みはちゃんと取れるんですか？

忙しくて休みが取れないなんてことは？

そんなことはありません！
でも、土曜、日曜、祭日が必ずしも休みではないことは多いですし、変則勤務もあります。

仕事を選ぶ際の大きな要素となるものに「休暇」があると思います。現代は、行政によって労働条件が厳しくチェックされている時代なので、休みが少ない、ということは決してありません。有給休暇もきちんと取れます。

第1章 現場インタビュー

「仕事現場の実情を正直にお伝えします！」

ただ、基本的には人を24時間365日ケアする仕事なので、一般企業のように「土曜、日曜、祝日」や「正月」が必ず休み、というわけにはいきません。また、連続しての休暇は取りにくいことがあります。これらは、一般企業と同じで事業所によって差がありますので、事前に確認すればよいでしょう。

土日の休みが少ない分、平日休みが多くなります。多くの事業所では「希望休み」といって、月に何日かは、自分の希望した日にちに休みを取ることができる仕組みになっています。すいている平日にディズニーランドやスノーボードに行けたり、平日にしかできないことを行えるメリットがあります。若い職員は、平日休みを上手く活用して、余暇を楽しんでいますよ！

また、職場によっては「変則勤務」、特に「夜勤業務（夜勤）」が入ってきます。職場によっては、早ければ朝6時出勤、遅ければ夜の9時あがり、ということもよくあります。これらの勤務が変則的にくり返されるので、慣れるまではそれだけで疲れてしまうかもしれません。でも、今の若い職員は、それさえもうまく利用して、遊びに出かけています。

「夜勤」は、どうしてもイヤだという人には、夜勤のない職種もあります。近年は「夜勤の有無」で勤務先を選ぶ人も多いようですが、私は、福祉や介護の仕事に就きたいと思うなら、24時間、人にかかわっている「夜勤」はとても大切だと思います。

特に、初めてこの仕事に就く人、若

ここをチェック！

「人事考課制度」を導入する事業所も増えている！

　最近では、福祉・介護業界においても「人事考課制度」を取り入れているところが多くなっています。依然はあまり考えられなかったことです。まだまだ、一般企業のように、大きく差が出るほどではありませんが、がんばれば、その分の評価が給与として返ってくるシステムになってきています。「仕事の評価」を数字で示し難い職業なので、評価が曖昧になりがちな問題点はありますが、がんばる人にはそれだけの報酬を与え、長く働いてもらえる環境をつくるということは、いい流れであると思います。

　「業績を示し難い」業務において注意すべき点は、やはり「基本的な人間性」を磨くことでしょう。利益優先の一般企業とは若干異なるかもしれませんが、人間関係の仕事である以上は、何よりも、明るく元気で一生懸命な姿、だれに対してもやさしさが感じられる対応で、「信頼される人」をめざすことが一番重要なことだと思います。

い人は「夜勤」をすることで、いろいろなことが得られたり、考えさせられたりするので、嫌がらないでほしいと思います。

人間の生活は24時間365日続いているのです。よく言われる「昼夜逆転」「夜間徘徊」など、認知症の症状も「夜間」ということが重要なポイントになっていることが多いのです。「夜間」の問題は、日中の過ごし方にあるのか？いやそんなに単純な問題ではないようだ……。昼間の時間帯しか働いていない人には気づかないようなクエスチョンが「夜間帯」にはあるのです！

そして、ひょっとしたらそのアンサーの多くは「夜間帯」に見つかるのかもしれません。だから、「夜勤」を知らないで、この仕事は語れないと私は考えています。

でも正直言って、歳を取ると肉体的に大変になります。若いうちにたくさんのことにチャレンジしてください！

外国人介護福祉士の受け入れで変化はありますか？

海外から外国人の介護福祉士や看護師が来日していますが、なにか変化はありますか？

海外から来た介護福祉士の方たちはまじめな方たちばかりです。彼らのまじめさに私は期待しています。

さまざまな問題を抱える福祉・介護事業ですが、最近の話題としては「外国人労働者」受け入れの問題が、クローズアップされました。

不況下では就職難ということが常に心配されますが、日本は他の国には類をみない「高齢化」が急速に進んでいる国です。労働人口が減り、恒常的な人手不足になることが予想されます。特に慢性的な人手不足に悩んできた福祉・介護の現場では、2008年から「外国人労働者受け入れ」を制度化しました。

すでにフィリピンやマレーシアか

第1章 現場インタビュー

ら、日本での介護福祉士や看護師をめざして1000名近い方たちが来日し、福祉・介護、医療の現場で働いています。そして、2010年には看護師試験に3名が合格しています。

さらに現在、EPA（経済連携協定）に基づきインドネシア・フィリピンから介護人材の受け入れ拡大に国をあげて推進しているところです。

コミュニケーションが大切な介護現場でどこまで浸透し、どんな結果をもたらすのかはまだ未知数ですが、何でもポジティブに考えていきたいものです。外国の方の真面目さに期待をしましょう。

何より、昔から閉鎖的な島国日本国において、外国人の受け入れ・国際化ということは、国の責務であり、国際的な貢献の意味でも重要なことだと思います。

「仕事現場の実情を正直にお伝えします！」

福祉・介護は、やりがいのある仕事ですか？

「福祉の仕事」はやりがいがある仕事でしょうか？

高齢者福祉施設では避けられない「死」ですが、そこから私は「生きること」を学びました。

知り合いの助産師さんから、なぜ助産師になろうと思ったのかを聞いたことがあります。そのきっかけは「生」の感動からでした。

「看護師として出産シーンに立会い、これまでに感じたことのない感動を受けた。私はすぐに、病院内の公衆電話から、実家の母親に電話をし『お母さん、私を生んでくれてありがとう！』

と、それだけを何度も伝えた……」彼女はそう語りました。

「生命誕生の瞬間」の人に与えるパワーは言葉を超越しているんだと、私は実感しました。現在私の仕事場である老人ホームで必ず直面するのは「生」とは逆の「死」です。

この暗くなりがちで、自分のこととしても他人のこととしても、できれば

-21-

避けて通りたい「現実」から深く考えさせられることが多くあります。それは決してマイナスのことではありません。私も、多くの「人生の最終段階」を見てきました。

ある方の人生の最終段階は、面会者もなく寂しいものでした。また、別の方が、子・孫・ひ孫に囲まれて看取られていく場面は、なぜかほのぼのとした気分になりました。

それはなぜなのでしょうか？　母親の最期を迎え、子供たちは、出産シーンで感動した先の助産師さんと同じ言葉をくり返していたのです。「お母さん、私を生んでくれてありがとうね！」

その時私は悟りました。「死」を見つめることは「生」を考えることなのだ、と。そして単純に、こんなふうに考えたのです。

——幸せな最期ってどんなシーンなのだろう？　人間の死ってあっけないものなのだな……。だれにも死は訪れるものなのだ……。だから人間で唯一平等といえるのが「死」なんだ！　だからこそ、今を楽しく一生懸命に生きよう！

就職活動はどうすればいいですか？

「就職活動」はどんなふうにすればいいですか？

どのような年齢層からでも、就職できるチャンスがあります！まずは、積極的に施設・事業所に連絡してみましょう！

ここからは、就職活動についてちょっとお話ししたいと思います。

働きながらの資格取得！

私が福祉施設に就職した20年前は、新卒男性では特に、「変わり者」か「行先のない者」しか、就職しないと言われていた時代でした。

当時は、だれもが「福祉施設」という存在すら避けて、あえて考えないようにしていた、といっても過言ではない状況でした。今のように、これほど

注目されることになるとは、夢にも思いませんでした。

「福祉関係の資格」が誕生したのも、私が大学を卒業してからでした。仕事をしながら、2年近くの通信教育を経て、社会福祉士の受験資格を得て、資格を取得したのです。社会福祉士の試験には3回落ち、介護支援専門員(ケアマネジャー)は、1回落ちていますが、その都度、めげることなくチャレンジし続け、今の自分があります。

振り返ってみると、私の始まりは常に「敗北」からでした。そこからの「挫折」と「怒り」をパワーに替え、今も挑戦し続けているのです。

福祉・介護業界に就職するためには資格があると有利？

少子高齢化や人手不足など、現代日本が抱える問題点は、じつは福祉・介護の仕事に就きたい人にとってはすべて追い風です。

今は、高校生でも福祉・介護の勉強ができる時代です。専門の課程を修了すれば、介護施設において最低限必要な「介護職員初任者研修(ホームヘルパー2級相当)」の資格が取れ、介護福祉士国家試験の受験資格も得ることができるのです。うまくいけば、高校卒業後すぐに、福祉現場で「正職員」として働くこともできます。

また逆に、初めて介護の職に就く定年退職前の方でも、「正職員」として勤めることが不可能ではなくなってきました。

こうした状況の背後には、先にも述べたように、高齢化に伴い、福祉・介護施設がこれからも増えていく状況があり、職場としての受け皿がどんどん広がっているという事情があります。また、少子化に伴う人手不足によって、求人の年齢層も幅広くなっているのです。それは、「非常勤(パート)」ではなく「正職員」としての雇用の広がりにもつながってきています。

例えば、介護福祉施設での就職を考えたとき、これまでは最低条件が「介護福祉士」だった資格要件を「介護職員初任者研修」修了でいいとする施設も増えました。「介護職員初任者研修」の資格なら、3～4カ月の通信教育で取得できます。ほとんどの人にとって、仕事をしながらの取得が可能なはずです。

比較的容易に取ることができる資格で、広く門戸が開いている世界へ、しかも正職員として就業できるのです。その職場環境・条件は決して悪いものでないとしたら、この機会を有効に利用していこうと思いませんか？

「仕事現場の実情を正直にお伝えします！」

さあ！就職活動を始めよう！

年代別、就職への近道 ①

中学生

卒業

中学生の時から将来の仕事を決めている人は少ないと思いますが……。なかには、親が看護師や保育士で「小さい時から親の働く姿を見ていて、同じ職業に就きたいと思っている！」という人もいるかもしれません。そういう中学生は……！

迷わず、福祉関係の専門課程のある高校へ進学しましょう！

普通科高校生

卒業

①福祉専門学校で福祉を専門的に学ぼう！

　福祉に興味を持ち、将来福祉関係の仕事に就きたい！ でも、まだ少し遊びたい（？）人は専門学校へ行きましょう。はっきりと将来目標が見えてなくても大丈夫！

②福祉施設で働こう！

　現場ですぐに働きたい人、諸事情ですぐに働かねばならない人は、言い方は少し乱暴かもしれませんが、福祉現場に入り込んでしまいましょう。そして、働きながら介護職員初任者研修の資格をすぐに取りましょう。実務経験を3年経れば、介護福祉士受験資格の取得ができます。もしかしたら、初めは「正職員」としては働けないかもしれません。ただ、働いていくなかで正職員への道はすぐに開かれてくるはずです！

　　☆福祉の世界は、今のところ、一般企業のように学歴重視ではありません。資格は必須ですが、資格があり、仕事さえできれば、肩身の狭い思いをすることはないと思います。一般企業のように、「四大卒」にあまりこだわらなくてもいいでしょう。

年代別、就職への近道 ②

福祉科高校生
↓
専門課程終了

① もう少し、福祉について学びたい人
→福祉専門学校で福祉を専門的に学ぼう！
　今後さらに、どのような資格を取得したいのか、2年間でより多くの資格取得をめざし、よく考えて、学校選びを行いましょう。

② 福祉施設で働こう！
　（よりよい待遇を求めて!!）
　専門課程を修了すれば介護職員初任者研修（またはホームヘルパー2級）の資格を持っているはずですね。ならば「正職員」での就職も可能！ そうでなくても「介護福祉士」に合格すれば、その時点で「正職員」となることができるのかを、就職前に事業所に確認しましょう！ より条件のよい就職先を求め、自らの足で歩くことが大切です。今なら、あなたの希望通りの条件で、就職先が必ず見つかるはずです!!
　　☆介護福祉士の合格発表は、3月末となっているため、就職活動時期には、合否がわからないのです。

③ 四年生福祉大学で、福祉を深く研究し、
　また福祉の周辺学問について学ぼう！
　今や大学入学はむずかしくありません。ただし、目的を持って行かなければ時間のムダになってしまうこともあるでしょう。4年の期間をムダにすれば、現場主義の福祉の世界からは、後れを取ってしまうかもしれません。
　大学では専門の福祉はもちろん、福祉の周辺学問、福祉以外のことでも貪欲に学んでいこう、とする姿勢が大切ですよ！
　どんな学問でも、福祉（人間関係）に役立つのです。受けられるだけの授業を受けましょう。心理学、社会学、教職課程……、授業を受けておいてソンはありません。

「仕事現場の実情を正直にお伝えします！」

年代別、就職への近道 ③

一般の大学生・短大生・専門学校生

卒業

即、就職です。充分勉強してきました。
その経験は決してムダにはなりません！

　いわゆる「福祉」を専門で学んではこなかった人たちです。前述したように、福祉関係の仕事は「あらゆる勉強・経験が生かせる」仕事です。学んできたことは必ず生かせます。迷わず、就職することをお勧めします。
　福祉の業界ではガチガチに福祉を学んできた学生よりも、他のことについて学んできた人のほうが、柔軟な発想を持っていて、就職後に伸びる！という声もよく聞かれます。私も実感しているところです。
　入職後は、介護職員初任者研修→介護福祉士→ケアマネジャー、社会福祉士……等々と資格取得をめざしましょう。ただし、資格を取得するためには、「実習」や「スクーリング」が必要であることが多く、有給休暇を取ることになります。事前に事業所に、資格取得のための休みがどれだけ認められるのか、どのようにすれば職場に迷惑をかけないですむのか、話し合い、確認しておきましょう。
　どこの職場も資格取得や研修について、積極的に考えてくれるようになってきています。しかし、あまり無理を言ってはいけません。職場、同僚に迷惑をかけない、という気持ちが大切です。実績を残しながら、上司にも同僚にも、気持ちよく「行っておいで！」と言われるようになることが、何より大切なことです。

　　　☆どうしても「福祉」について専門的に学びたくなった、という
　　　人は、後悔しないためにも、「福祉専門校」へ再度進学してもい
　　　いのかもしれません。

年代別、就職への近道 ④

中・高年者

子育てを終えた主婦、転職組、定年前にチャレンジしたい！という人、皆さんチャンスです！ただし、リストラされて就職先が見つからないから……という人、そういう人は真剣に考えていかなければ、面接で間違いなく落とされます。仕方なく……と考える人がやれるほど、甘くはありません！

1．子育てを終えた主婦

自信をもって就職活動しましょう！

これまで経験してきたことは福祉の現場で生かせる大切なことです。ただし10年前の福祉業界と違い、ケアプラン作成、日々の記録、パソコン、事務仕事等の業務も増えています。身体を動かしていればできる、といった仕事ではなくなっています。また、自分の子どもと同年代の人から教えてもらうことも多く、ジェネレーションギャップを感じることもあるでしょう。それらのことも楽しむ余裕が必要です。

☆介護職員初任者研修の資格を取りましょう。できれば就職前に！

2．前向きな転職組

準備をしてきている人なので、
事前に介護職員初任者研修の資格は取得しておきましょう！

謙虚にそして熱く、自らの思いを前面に出しましょう。

年齢給は期待できません。給与が下がることは覚悟してください。自らの活動力で、よりよい条件の職場を探しましょう。

また、健康診断を重んじている職場もあります。不健康な生活を続けてきた人は、まれに検診に引っかかり、就職できないケースもあります。普段から健康面に気をつけておくことも大切なことですね。

3．さらに年配者

定年前、あるいは定年後であっても
「まだまだ元気！何かやりたい！」という人は多くいます。

以前は「ボランティア」として、その活力を生かしてきた年代の人も、せっかくですから報酬をもらい、働いていきましょう！　介護の現場では、あまり無理せず、時間パートで働いてみましょうか！　スムーズなパターンは、介護職員初任者研修の資格を取得し、ヘルパー事業所で、登録ヘルパーとして働くことでしょう。実際に、自分より若いお年寄りを、ヘルパーとしてケアすることも珍しくはありません。

4．リストラ組

自ら正直に、真面目に先のことを考えて活動しましょう。

「志望動機」は必ず聞かれます。自らの思い、今後についての考えをしっかり述べられるようにしておかなければなりません。

何よりも先に「待遇」「給与」を聞くことは、がまんしましょう。本当に困っているのなら、非常勤採用であっても受け入れ、自らの実績から待遇向上の交渉を行う、くらいの意気込みが必要でしょう！

就職活動する際のポイントは？

雇う側は「やる気」を第一に見ています！

どの業界でもいえることだと思いますが、明るく、元気に、自分の考えを述べることです。

「足」「口」「耳」を使って、積極的に施設・事業所を訪れよう

　これまでの経験から言わせてもらうと、福祉・介護の仕事をめざす人は、消極的な人が多いようです。せめて一般企業への就職活動が始まる時期から動き始め、多くの施設・事業所の話を聞き、自らの足で出向いて行きましょう。行動した分だけ、得られるものは多くなるはずです。

　まずは、電話をして話を聞きましょう。相手の対応で、判断できることもあります。

　今の求人広告は昔と違って、性別や極端な年齢制限ができなくなっているので、「女性のみ」「男性のみ」の採用、とは掲載できず、年齢も幅広く設定してあります。ですが、実際のところは、制限を設けている施設や事業所は多いのです。

　電話をすれば、こちらが女性か男性か、年齢は何歳ぐらいか、いろいろ相

ここをチェック！

自分が何をやりたいかをしっかり考えよう！

　20年くらい前は、就職先としての「福祉の仕事」といえば、大きく、高齢者関係、障害者関係、児童関係、そして、入所施設か、通所施設か、くらいにしか分けて考えませんでした。現在は、高齢者関係だけでも、入所施設なら「特別養護老人ホーム」「老人保健施設」「有料老人ホーム」「グループホーム」「病院療養型」……、また在宅系では「デイサービス」「ホームヘルプ」「ケアマネジャー関係」……等々、多岐にわたっています。自らが何をやりたいのか、何について学びたいのか、よく考え、しっかりと判断してほしいと思います。

第1章 現場インタビュー

「仕事現場の実情を正直にお伝えします！」

― ここをチェック！―

介護福祉士の上級資格が誕生？

　現在、介護職員初任者研修（ホームヘルパー2級相当）、介護福祉士などいくつかの介護資格がありますが、国は介護の質を上げるために、今後「介護福祉士」を中心として育成する方針を打ち出しています。それに伴い、介護福祉士資格取得への道が若干変わり、さらに上級資格として「（仮）認定介護福祉士」という資格が誕生する予定です（介護福祉士に関しては129ページ参照）。

　今までは、介護福祉士の次に目指すのはケアマネ（ケアマネジャー）と言われていましたが、デスクワークや調整仕事が多いケアマネより、介護の現場でもっと働きたい、お年寄りに寄り添った仕事をいつまでも続けたい、と願う職員には次のステップとして目指したい資格になるかもしれません。

手にわかりますよね。すると、施設や事業所では、その時点で、自分たちが求めている条件に則しているか判断できます。そして何より、どれだけ本気で働きたいと思っているのか、その人の「本気度」がわかります。

　反対に、就職したい人にとっても、連絡した先がどんな施設なのか、電話の応対によってわかることもあるでしょう。

　今や福祉施設・事業所は訪問しきれないほど多く存在しています。就職活動には効率も大切。相手方から「一度面接に来てください」と言われたら、できるかぎり足を運んでみましょう。得るものはたくさんあるはずです。

　また、正式に職員募集をしていなくても、気に入った施設・事業所には連絡をしてみるのもいいでしょう。これから募集しようとしていたとか、思いがけずいい職場が見つかることもあります。

現代は、インターネット等でかなりの情報が得られます。上手に活用していきましょう。「情報を得ること」「調べること」から就職活動の第一歩は始まるとは、よく言われることですね。

訪問は歓迎されるのか？

必ず事前に、電話でアポをとることは、どこの世界でも常識です。やみくもに「施設見学」だけを依頼してもダメです。どのようなことについて聞きたいのか、自分なりの目的と意義をはっきりさせ、しっかりと相手にも自分の思いを伝えることが必要です。

電話に出ることでさえ、相手にとっては、忙しいなかでの対応なのです。「近くにあるから、何となく電話して聞いてみよう」は慎んでください。

相手とコンタクトをとる瞬間から、すでに就職活動の重要な本格的段階に入っているのです。電話対応で、どのくらい真剣に考えているのかは、相手方にもわかってしまいます。

また、プライバシーの側面も少し頭に入れておいてください。特に入所施設等の見学に際しては、最低限の配慮は必要ですね。入所している人にとって施設はまさに自宅なのです。自分の家に他人が入って来ると考えたらわかりますね！

試験はこんな感じです

施設・事業所によっても違いますが、基本的には、①知識を問う筆記試験、②考えを問う作文試験、③やる気をみる面接試験に分けられると思います。

①知識を問う筆記試験

実施していない施設・事業所も多いと思います。内容は常識的なことが、択一、穴埋め形式で問われます。よほどのことがないかぎり、この試験結果だけで合否が決まることはないと思います。もっと重要視するものがありますので！

②考えを問う作文試験

それほどむずかしい内容ではないと思います。「福祉」には「基本」はあっても、「正解なし」のことが多いのです。自分の意見を正直に記入すればいいでしょう。ケアについての具体的な対応や考えを問うものから、仕事全般についての常識的な心構えを問うものまであります。

一つ注意するとすれば、その時の旬な話題がかかわることが多いため、主流の考え方や理念は頭に入れておく必要があるでしょう。

③やる気をみる面接試験

最も重要な試験です。面接だけで採用を決める施設・事業所も多くあります。「やる気」さえあれば、その他の

ものはあとから身に付けることができるからです。くり返しますが、「明るく」「元気に」自分の考えを述べることです。

● 健康診断

健康診断は必ず実施されます。持病がある人は事前に伝えておきます。

体験実習（インターンシップ）

一般企業では、インターンシップ制を取り入れているところも多いようですが、福祉の分野では、意味合いが少し違っているようです。

自治体と施設が連携して対象者を募集し、施設での仕事を体験してもらうという取り組みをしているところもあるようですが、福祉・介護の職場ではプライバシーの問題があり、広がっていくことはむずかしいかもしれません。

以前からよく行われてきた形態は「研修プログラム」の一環としての取り組みです。採用試験の一部として取り入れている施設・事業所もあり、正規就業前の慣らし期間として活用しているのです。早期離職者を減らすための「試し採用」のようなものです。

新人研修の内容を聞いてみよう

新人職員に対する「研修内容」「新人教育」について確認することで、どれだけしっかりしている施設・事業所なのかがわかります。施設・事業所間で、その内容に大きく差が出ることがあります。

研修プログラムがいい加減なところは、その内容等を示した「研修マニュアル」等が整備されておらず、実際に現場に入り、指導を受ける際に、その場その場の判断に左右され、戸惑ってしまうことになります。

いい施設・事業所は「新人研修マニュアル」がしっかりと整っており、それに従い、きちんと説明してくれるはずです。

よい勤め先を選ぶコツは？

実際に働いてみなければ、それぞれの施設・事業所の実情はわからないことが多いのですが、訪問時に次のような点を観察してみましょう。
- 利用者、職員に笑顔があり、生き生きしていて、施設全体が明るい雰囲気であること。
- 窓口対応職員ほか、すれ違う職員が元気に挨拶をしてくれること。
- 施設環境が、きれいに整理されているだけでなく、生活感があること。
- 管理者が明るく、生き生きしていること。
- 管理者が理想だけを語っていないこと。

よい管理者は「利用者のため」と必ずセットで「職員のため」も、話のなかで出てきます。「利用者のため」だけしか出てこない管理者は、現場職員から乖離（かいり：離れてしまうこと）した、理想主義者であることが多いものです。

この仕事を長く続けていくために……

仕事に就くとき、一番大切なことは何ですか？

「人間を追求する」って、具体的にどのようなことですか？

福祉は「人間を追求する仕事」です。何より自らが「肉体的・精神的に健康」でなければ、よいケアはできません。常に、明るく元気な笑顔を、利用者の方に見せられるように、体調を整えることが大前提になります

「対利用者」「対同僚」「対自分」「対人間」……、について深く考えていくことです！

もし、福祉・介護の仕事に就職しても、「こんなはずじゃなかった」と、すぐ辞めてしまってはもったいないですよね。私は、新しくこの仕事に就く

「仕事現場の実情を正直にお伝えします！」

皆さんに、福祉・介護サービスを利用する方々と触れ合いながら、いろいろな体験をし、さまざまなことを考えてほしいと思っています。福祉・介護の仕事は「人間を追求する仕事」だと、私は考えているからです。

「対利用者」について考えるとは？

福祉・介護の仕事は、大きく分けると、目の前のサービス利用者に対して、身体面、精神面、生活面等を深く考えていくミクロ的な活動と、広く社会、制度に訴えるマクロ的な活動に分けることができます。

サービス利用者について考えるとは、まさにこのミクロ的な部分で、言い換えれば、この仕事の最も重要な深部を追求していくこと、といえるのではないでしょうか。

高齢者やハンディキャップを持った方の、わずかに動いた顔の表情や発した簡単な言葉から、その深層を考察する、というような、職員のセンスや感覚的な能力を磨いていかねばならないことともいえるでしょう。

「対同僚」について考えるとは？

どの仕事にも言えることかもしれませんが、特にこの仕事は、同僚との連携で成り立っています。交代勤務もあるので、きちんと引継ぎ連携ができないと、サービス利用者に対してよいケアができません。

じつは、職員の悩みは「同僚との人間関係」であることが多いのです！

「好き・嫌い」といった、人間の原始的感情を排し、「目の前の利用者のために！」を最優先に考えることが働き手の責任です。

「対自分」について考えるとは？

イライラしたり、もう頭にくる！といった感情は、人間としてあって当然なことです。そのこと自体に悩み、自分を責めても、煮詰まってしまうだけでしょう。

例えば、施設でよくある場面……、同僚が風邪で休み、自分一人で十数名の利用者の対応をしているところに、あっちでもこっちでもナースコールが鳴る……、目の前の利用者はさっきから何度も同じことを聞いてくる……、隣を見ればお茶をこぼしている……、パニクッているときに課長から放送で呼ばれた……、なんて時は、だれもがイライラしてしまうものです。

イライラする感情さえもすべて受け入れ「だから、自らはこのように対応していこう！」と切り替え、対応していく能力も必要なのです。大変むずか

しいことなのですが……。ポイントは「人の痛みを知る」「他を責めない」といった姿勢が重要なのだと思います。

これまでの人生を通して気がついたのは、「人の感情に差はない」ということです。だれしも、怒りたいときは怒るし、嬉しいときは喜ぶ……、この人間のごく当たり前の感情を理解すれば、いろいろな場面で悩まずに楽になれるのではないでしょうか。さらに拡大解釈し、人に傷つけられたという思いさえも、自らも知らず知らずのうちに人を傷つけているんだ！　と気づくことができれば、「人を許す」ことができるのでしょう。

なんだか、説法じみてしまいましたが、「人の痛み」を知れば「人を許す」ことができるのです。これはあらゆる困難を切り抜ける武器となります。

「人間を追求する」とは「人間の生活すべてにかかわる」ことなので「自らの知識や経験を生かせる」ことができる仕事なのです。ですから、仕事を始めるからといって「福祉や介護の知識」をできるだけ早く、多く身につけよう、と考えなくてもいいと思います。

福祉や介護の仕事は何より実践です。現場で行動できなければ、知識も生かされません。また、現場で動き始めれば、いやでも知識は身についてきますし、自らも勉強しなければ！　と自然に思うようになります。

「福祉」は特別なことではなく「生活」の一部であると考えてください。食事、入浴、排泄等々のみでなく、余暇があり、趣味を楽しんだり、勉強したりもするでしょう。その「生活」すべてにかかわりを持てるように、この仕事に就く者は、自らも狭い知識のみでなく、幅広い知識を身につけていこうとする姿勢が大切なのです。

音楽を学んできて、ピアノやギターを弾ける人は、伴奏しながら一緒に歌を歌えばいいし、歴史を学んできた人は、郷土の歴史や文化について話をすれば、コミュニケーションの手段としていろいろと活用できるはずです。

私も、高齢者施設に転職したての頃、なかなかうまくなじめないお年寄りとの会話に困っていた時期がありました。専門書を紐解いてみても、解決できることではありません。

そんな時に、そのお年寄りのふるさとの話をしたところ、会話が弾み、それから関係がスムーズになってきたのです。専門書の知識より、ちょっとした雑学のほうが、人間関係に役立つことは多いのです。

くり返しになりますが、人間を相手にする仕事である以上は、どんなにつ

らいときでも、職場では「明るく元気」な態度で対応しなければなりません。経験と努力でそれができるようにならなければならないのです。

ただし、真面目な人ほど、いわゆるバーンアウト「燃え尽き症候群」になってしまうリスクも高くなってしまいます。バーンアウトしないためにも、心がけなければならないことがあります。それは……。

多くの友人を持とう！

よき師、よき友に巡り会うことは、人生のなかで最大の宝物だと私は確信しています。そして、友人の悩みを聞いたり、相談にのったことはだれにもあるはずです。

自らの日常生活のなかで、相談援助といえることはだれもが体験しているでしょう。これまでの人生で、多くの友人を持ち、多くの悩みに接してきた人は、それだけで、やさしいよき援助者になれるのです。

外に向けて、幅広い活動をしよう！

施設内の人間関係のみで行き詰まってしまうと、視野が狭くなり、一般社会から乖離してしまう恐れがあります。他施設の情報はもちろん、他業種の一般常識も貪欲に吸収するような努力が必要です。「井の中の蛙」「一般社会の常識は介護施設の非常識」と言われないためにも……。

「仕事現場の実情を正直にお伝えします！」

「福祉・介護の仕事」の魅力は何ですか？

最後に、この仕事の魅力について教えてください。

私が就職した20年前とは大きく状況が変わりました。

これからの日本にはなくてはならない仕事です！

私が20年以上前に、福祉の世界へ就職する際には、「そこにしか就職先はなかったの？　かわいそうに……」と言われました。当時は、今よりも「だ

れでも、いつでも、就職できる」職業だったのです。イヤなことや辞めたいと思ったことも多々ありました。

それでも、この仕事を続けてきてよかった、と思えるのは、それを通じて自らが成長でき、今でも進化し続けていることが実感できるからです。

じつは、私はもともと福祉の仕事に就こうと思っていたわけではありません。大学を卒業するときに受けた公務員試験に二次の面接で落ち、就職浪人となっていた時のことです。知的障害者の施設で働いてみないかと声を掛けられ、ブラブラしていても仕方ないか、くらいの気持ちで勤め始めたのです。ところが、こんな世界があるのか！と、頭を殴られたようでした。

当時、こういう施設は閉鎖的で、他を受け入れない古い職員たちの固執した考え方に嫌気がさし、利用者の待遇にも疑問を感じることばかり。

そんな私の価値観を180度変えたのが、勤め始めてまもなく担当になった重度の知的障害を持つ女性でした。その人は、四六時中動き回って、物を壊す、人にけがを負わせるという行動をくり返すのです。

私は毎日それに振り回されて、肉体的にも精神的にもヘトヘト……。いつも「今日で辞めよう」と考えていました。でも、その女性は、帰り際にはいつも笑顔で「バイバイ」と手を振ってくれて、その笑顔がものすごく純粋だったんです。それを見ると、ああ、明日もがんばろう！　って気持ちになりました。

お金にしか価値観を見出せず、楽をすることばかり考えていた自分の人生を、大きく変えてくれた「モノ」が、福祉の仕事にはある！　そういっても過言ではありません。それが「利用者の笑顔」や「家族からの温かい言葉」などなのです。そこから私たち職員は「ガンバルパワー」を与えてもらっているのです。

言葉にするとキザになりますが、このお金では得ることができない「エネルギー」は、自らの人生観が変わるほどの影響力ともなり、この仕事を続けていける推進力にもなっているのです。

さあー、皆さんも、このお金では得ることができない「パワー」と「感動」を与えてもらうために、一歩を踏み出しましょう！

成長続く福祉・介護の分野

これからの成長産業「３Ｋ」として、「環境」「介護（福祉）」「観光」の分野があげられています。そのなかでも、

地味ではありますが最も間違いなく成長を続けるのが「福祉・介護」だと、私は思っています。

　それは、高齢者や障害者を対象とする仕事であることなどの「福祉・介護分野の特殊性」にあると考えます。これまでは、その「特殊性」がマイナス面のみをクローズアップさせてしまいましたが、これからはその「特殊性」ゆえのプラス面が大きく生かされることになるのではないかと思います。

　というのも、「環境」「観光」等はだれでも参入しやすい分野でしょう。急激に伸びるかもしれませんが、やがて飽和状態となり、成長にブレーキがかかることにもなりかねません。福祉・介護分野は地味ですが、少子高齢化が進行する日本の現状を考えると、今後20年から30年は上昇し続けていくことは間違いがありません。

　長い人生、ゆっくり地道に歩いていくことが、一番確実で、幸せなのではないかと、最近つくづく感じています。

「仕事現場の実情を正直にお伝えします！」

中村与人 さん
社会福祉法人多摩済生医療団　多摩済生園・多摩済生ケアセンター
施設長
多摩済生園　TEL 042-343-2291
Email tama-sai@jcom.home.ne.jp
URL http://www.tama-sai.jp

ケアマネジャー
竹本香恵さん

Profile
たけもと・かえ さん
看護学校卒業後、看護師として病院勤務。その後ケアマネジャーの資格を取得し、有料老人ホームでケアマネジャーに。

実務経験さえ積めば、ステップアップの道が開けている介護の仕事

利用者に最適なケアプランは確かな知識から

「もっとみんな貪欲になってほしい」

と強く語ってくれたのは、有料老人ホームで看護師とケアマネジャーを兼務する竹本香恵さんです。貪欲、とはどういう意味なのでしょうか。

「ホームヘルパーの資格を取って実務経験3年以上で次は介護福祉士、その次には介護支援専門員（以下ケアマネジャー）と、ステップアップの道が開かれているので、もっとみんなそれに挑戦してほしいのです」

竹本さんは何も資格取得にがんばれと言っているのではありません。資格取得という目標を定め、それに向かって勉強するということは、新しい知識を得たり、経験上や感覚で"何となくそうかな"と思っていたことを学問と

1日のスケジュール
- 08:15 早番出勤（看護職員として）会議用資料の作成、デスクワーク
- 12:00 昼休み
- 13:00 午後からはケアマネジャーとして利用者についてのモニタリング、本人へのアセスメントなど書類作成
- 17:00 終業

して再確認できるわけです。こういったチャンスを活かそう、と言っているのです。

「介護関係は、今、さまざまな資格取得と、それを生かした仕事への道が広く開かれています。自分を成長させるということは、引いては利用者の皆様によりよい介護サービスを提供できる、ということになります。せっかくのチャンスですから尻込みしないで、チャレンジしてほしいですね」

現場インタビュー① 「ケアマネジャー」

竹本さんは高校を卒業し、病院で看護助手として働きながら看護学校に通うという方法で看護師の資格を取得しました。以降、約10年間看護師として働いていましたが、出産や離婚などの事情で夜勤がむずかしくなり、正規職員から昼間だけのパート勤務に移りました。

「パートの収入だけでは生活が大変と思っていた時に、同僚からケアマネジャーのことを聞きました。新しい資格だから、この先、仕事の幅が広がるかも、と思って試験を受けることにしました」

ケアマネジャーの資格は都道府県が実施する「介護支援専門員実務研修」という研修を受講すると取得できますが、その研修を受けるためには試験(受講資格試験)があり、看護師の場合は5年以上の実務経験が必要となります。

「正直、ケアマネジャーがどんな仕事をするのか、よくわからなかった」という竹本さんですが、2001年の受講資格試験に合格、翌年実務研修を終了し、資格を得ることになりました。

「看護師としてパート勤務する傍ら、居宅介護支援事業所でもパート職でケアマネジャーの仕事に就きました。その時に前任者から30人以上の利用者の皆様を引き継ぎましたが、電話がかかってくると必ずクレームでした。前任者が担当していた利用者さんの数が多すぎたため、忙しすぎて利用者さんからの電話にも出られない、面接もできないという状況だったのです」

2000年に介護保険が施行された当初は担当利用者数に制限はありませんでしたが、現在は要介護35人プラス要支援4人までとなり(要介護・要支援☞54ページ)、利用者の居宅へ月1回の訪問が義務づけられました。

居宅介護のマネジメントは介護プランの基本になるので、自分としてもそこでの経験はとても重要なものだった、と竹本さんは続けます。

「ケアマネジャーの仕事とは、高齢者やその家族からの要請があれば、介護保険の申請代行や事業所として受ける認定調査なども行います。委託や契約によりその後のサービスを受ける利用者の皆様と面談し、課題を明確にしたうえで介護プランの原案を作成します。これをもとに援助目標を立て、実施する介護サービスの内容を決定していきます」

介護サービスの内容とは、サービスの種類、時間、回数などで、これらを細かく計画し、利用者への説明を行い、同意を得て実際に介護サービスが始ま

るわけです。その後も関係各所と連携を取りながら、1カ月ごとにかかった費用、利用者の負担金を計算し、介護給付管理票の提出を行います。

「どのような介護プランを立てるのかは、ケアマネジャーの方々のバックグラウンドがどういったものだったのかに影響されることもあります。ホームヘルパーからケアマネジャーになった人、看護師からなった人、医者からなった人と、どんな仕事をしていた人なのかによって、どのサービスを選ぶのかの特徴が出てしまいがちです」

介護主体の現場には直接携わったことはなかったという看護師の竹本さんゆえに、最初はどうしても訪問看護など看護についてのサービスに目が向かいがちだったそうです。

「利用者の皆様をアセスメント（課題分析）して、問題点を洗い出すのですが、利用者さんが何らかの病気を抱えている場合、どうしても"病気について"と看護目線になってしまうんです。ホームヘルパーや介護福祉士からケアマネジャーになった人は"介護について"と生活サポートの面から見ているので、選ぶサービスが、それぞれ看護、介護利用が中心になるようです。もちろん、どちらがよい、悪いというわけでありません」

ただ、と竹本さんは続けます。

「看護には介護の要素もありますので、看護師は介護をまったく知らない、ということはないと思います。逆に介護の仕事がベースになっているケアマネジャーは、関係者の連絡会議の場などで看護師から『看護のことなど知らないでしょう』的な態度で言われることもあったようです。最近では各サービス担当者の位置づけが周知されて明確になり、担当者間のギクシャクは少なくなっていると聞きますが……」

インタビューの最初に竹本さんが言っていた「資格取得のチャンスを逃すな」というのは、こういった会議などの意見交換の場で、自分の見解や意見を周囲の人にキチンと主張するためにも、必要な知識を身につけよう、ということなのです。

少し高いところに介護目標を置くことで生活に張り合いを

看護師とケアマネジャーの"二足のわらじ"を履くことへの体力的限界を感じ竹本さんは病院勤務を辞め、居宅介護支援事業所の正社員としてケアマネジャーの仕事に専念することに。しかしその後、ケアマネジャーの数も増え、以前ほど金銭的評価がなくなって

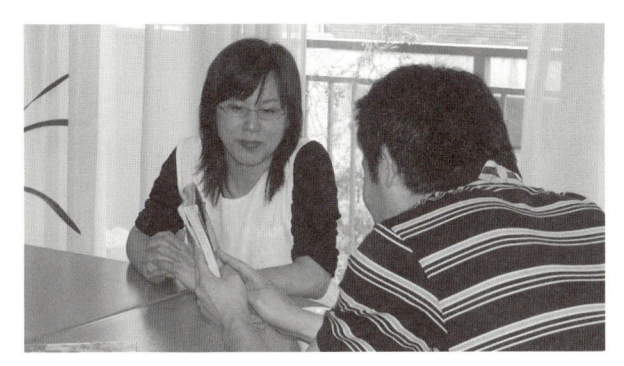

第1章 現場インタビュー

現場インタビュー① 「ケアマネジャー」

きたことや、長く勤められる職場をと考え、現在の職場である介護付き有料老人ホームへ転職。

「ちょうど有料老人施設にもケアマネジャー導入をという時期だったのと、看護師という資格もはやり決め手になったようです。そういう意味では、資格はありがたいですね」

介護付き有料老人ホームは、介護が必要となった場合、介護サービスは有料老人ホームのスタッフが提供するという施設ですが、居宅介護支援のケアマネジャーと仕事内容に違いがあるのでしょうか？

「施設での介護プランは、入居者の皆様が人間らしい良質な生活を送るために、朝起きてから夜寝るまで、就寝中も含めて、必要な生活ケアの計画を立てます。そのためには施設の医療、看護、介護の連携状況、介護サービスの提供できるレベルはどうなっているか、ということをすべて知っていなければなりません」

自分も施設内部にいるので、毎日顔を合わせて会話ができるというのは、電話や月に1回の居宅訪問にはない利点、と竹本さんは言います。

「顔色を見たり、挨拶の声などで様子を確認できるのはいいですね。ただ、毎日顔を合わせているためか、介護プランの目標がかなり現実的になりがちです。つまり、『前はできたけれど、ここ最近はこれしかできないから、目標はここまででいいのでは』となるわけです。つい足下を見てしまいがちなんですね。もう少し目線を高くして、入居者の皆様とケア担当者が一緒にがんばってみようか、という目標にしていくのが、目下の課題でしょうか」

仕事でもプライベートでも、常にがんばる姿勢を周囲に示してくれる竹本さんだからこそ、自ら課した課題に最適な解答を見つけ出してくれるに違いありません。

介護福祉士
内田 瞳 さん

Profil
うちだ・ひとみ さん
1985年生まれ。東京都出身。織田福祉専門学校を卒業と同時に介護福祉士の資格を取得。2008年より現在の職場である『グループホームとくら』に転職。

明日は一緒にご飯が食べられないかもしれないから、今、この瞬間を楽しんでほしい

　内田さんが勤務するグループホームとは、地元の認知症の高齢者を対象とする小規模な生活の場で、少人数（5人から9人）を単位とした共同住居です。職員（日中は利用者3名に対し職員1名設置。夜間は1名）が入居者をサポートしながら毎日の食事の支度や掃除、洗濯などを行うなど、家庭的で落ち着いた雰囲気の施設です。

1日のスケジュール（日勤）
08:30	出勤
08:45	リビング、トイレ、居室などの掃除。朝食が終わっていない入居者の食事介助など
09:30	夜勤者との申し送り
10:00	お茶だしとバイタルチェック
10:30	レクリエーション、散歩など
11:30	トイレ誘導や昼食準備
12:00	昼食介助、個人記録の記入
12:30	休憩
13:15	トイレ誘導、昼寝準備、午後のレクリエーション準備など
15:00	おやつ　個人記録の記入
16:30	夕食準備
17:00	夕食介助
17:45	終業

グループホームの入居者さんは私の家族

　「このグループホームにいるみんなが、私の家族だと思ってますから、イヤなことを言われたらイヤだというし、面白いことがあれば、一緒にゲラゲラ笑ってますよ。家族ですからね、遠慮なんてしません」
　まだ20代半ばの内田さんですが、ストレートなその言葉の端々に介護に関しては熱い思いが感じられます。
　「そう、だって天職ですから（笑）」
　内田さんが介護の仕事をしようと決めたのは、高校卒業直前のこと。それまではずっと美容関係の学校へ行くつもりで、学校の先生も友人たちもみん

現場インタビュー②「介護福祉士」

ながそう思っていた、と内田さんは言います。

「今でもおしゃれするのが好きで、マニキュアとかメイクも大好きです。高校時代はカリスマ美容師とかがもてはやされたこともあり、美容関係に憧れる人が多かったですね。そういった道に進んだ友人も多いし…」

大好きなものに囲まれて、きれいになる仕事をしたい、と未来を描いていた内田さんが、なぜ、しかも突然、介護の仕事に進路を切り替えたのでしょうか。

「ちょうど介護保険が始まった頃です。特別養護老人ホームに入っていた私のおじいちゃんが亡くなったのですが、その亡くなる1週間前に突然言い出した『風呂に入りたい』というおじいちゃんの希望を、老人ホームの職員さんがかなえてくれたんです。それも夜中の2時くらいに。これはお葬式のあとに知ったことでしたが、知った瞬間に『介護職員ってかっこいい、もう将来はこの道しかない』と、進路を介護に変えました。また、ホーム入所の時にお世話になったケアマネジャーさんがとてもいい方で、この方のおかげで、あまりよい印象のなかった老人ホームの見方が変わりました」

老人ホームの介護職員に心を動かされた内田さんですが、いったいどういったところが、"かっこいい"と映ったのでしょうか。

「先がほんとに短いおじいちゃんの、風呂に入りたいという最後の願いさえも家族はかなえてあげることはできないのに、この人たちはそれをやってくれたんです。おじいちゃんが大好きだった私には、介護職員の人がスーパーマンみたいに思えました」

突然の進路変更に周囲の人たちはびっくりし、当然、反対もされましたが、それを振り切って介護の専門学校に入学。しかし、恋人や親しかった先輩の死などショッキングなことが立て続けに起こり、家から一歩も出られなくなりうつ状態に。張り切って通い始めた学校は1年間休学することになってしまいました。

「何もかもがどうでもよくなり、学校もやめるつもりでした。でも担任の先生がどうしてもやめさせてくれなかった。その時は復学は絶対に無理と思いましたが、何とか復帰できて今の自分がいます。退学に最後まで反対してくれた先生には感謝しています」

復学できるようになったきっかけは、訪問介護に行った先のおじいちゃんだった、と内田さんは続けます。

「休学中に、離婚して実家に戻って

きた友人と一緒にホームヘルパー２級の資格を取ったんです。介護の仕事をする・しないではなく、２人とも学歴もキャリアもないから、とりあえず取っておこうか、という軽い考えでした。１カ月くらいで資格が取れたので、そのまま学校には行かず、パートですが訪問介護サービス事業所で訪問介護員として働いていました。その訪問先であるおじいちゃんに出会い、自分の苦しみを理解してもらったというか……。ホームヘルプに行って自分がヘルプされたような感じですね（笑）」

このおじいちゃんのためにも、自分はもう一度介護をきちんと勉強して、知識と技術を身につけようと思った内田さんは、担任の先生のサポートもあって無事、復学。翌年の卒業試験をクリアして、介護福祉士の資格を取得しました。卒業後は引き続きパート勤務していた事業所で正社員として働き、責任を負うような立場にも就きましたが、「もともとグループホームで働きたかった」こともあり、今の職場へ転職したそうです。

**できなくなったことを嘆くより、
できることを探して、一緒に楽しむ**

内田さんが働くグループホームには、入所当時は一緒に歩いてレストランまでご飯を食べに行けたけれど、今では外出は車いす、食事も介助が必要になってしまったという利用者さんが複数人います。

「お年寄りは一度身体機能が低下し始めると、あっという間に衰えてしまいます。職員は何とか機能を維持させるよう努力はしていますが、老化による衰えはどうしようもありません。ですが、だったら違う機能を使えばいいじゃない、とか他にできることは何かと視点を変えてみると、皆さんたちは意外といろんなことができることに気がつきます」

最近、内田さんが驚いたのが、食事も排泄も職員の介助なしには何もできないという入居者に試しに筆を持たせてみたら、ちゃんと字を書いたことだったそうです。

「一日中雨でお散歩にも行けないので、みんなでお習字をすることにしたんです。みなさん、お習字は上手なのですが、それで、いつもは車いすに座ったままで、見ているかどうかもよくわからない入居者さんにも『やってみて』と、筆を持たせたところ、自力で字を書いたんです。これにはびっくりして写真を撮りまくり、お休みの職員全員にメールで送ってあげました（笑）」

第1章 現場インタビュー

現場インタビュー② 「介護福祉士」

認知症だから、車いすだから、高齢だからと、できない条件を挙げていては、その人にとってふさわしい介護はできない。どうしたらできるのか、できないならどうするのか、を考えてサポートしたい、と内田さんは言います。

「自力で歩けなくても車いすで外出できるし、普通のご飯が食べられなくてもお粥だったら食べられるかもしれません。機能が低下するのを嘆くのではなく、今、この瞬間に使える機能があることを喜んだほうがいいでしょう？ お習字のように、毎日一緒にいる私たちでさえ気がついていない能力がまだたくさん残っていると信じているので、それを引き出して、その人らしい生活を、1日でも長く送ってほしいですね」

今の自分にできること、今の入居者さんにできることをお互い全力で出し切って、毎日が特別な日になるようにがんばっているという内田さんに、介護の仕事を続けられる秘訣を聞いてみました。

「よく遊ぶことです（笑）。遊んで自分を解放すれば、翌日にはまた、元気にみなさんのお世話をする気力が戻ります。お世話するお年寄りに元気でいてほしいのであれば、まず自分から率先して元気にならなければだめです。介護技術や家事技術は後から付いてくるから大丈夫。それより挨拶が大切です。毎朝、ニコニコ笑顔で挨拶できれば、介護の仕事は続けられますが、それでも辛くなったら介護現場から離れてもいいんです。でも一度この仕事を経験された方は必ず戻ってきます。自分がそうでしたから。それくらい魅力的な仕事ですよ」

看護師
永井巧一さん

Profil

ながい・こういち さん
1970年生まれ。短大卒業後、大学の研究室で行動科学を学ぶ。その後看護学校に進み看護師に。病院勤務を経て、訪問看護ステーションで訪問看護師として勤務。

患者さんに十分なケアをするためには、看護師には「知恵と工夫」が大切

「患者さんに丁寧なケアをしたい」が病院から訪問看護へ転身の動機に

「私が知っている限りですが、訪問看護師をしている男性は都内に7人くらいしかいないんですよ」と語るのは、上野訪問看護ステーションで訪問看護師として働いている永井巧一さん。

永井さんは、短大を卒業後、大学の研究室で行動科学を学びました。その時の研究室には看護師の研究員が多く、自分も看護師をめざしたいと考えるようになったそうです。そこで改めて看護学校に入学、卒業後は看護師として病院に2年半勤務、その後、訪問看護ステーション勤務へと転身しました。

病院から訪問看護ステーションへと転職した理由は何だったのでしょうか。永井さんはその理由についてこう語ります。

1日のスケジュール	
08:30	ミーティング・訪問準備
09:30〜13:00	患者さん宅訪問（午前中2軒）
13:00〜14:00	昼休み
14:00〜16:00	患者さん宅訪問（午後2〜3軒）
17:00	記録・ミーティング・終業

「病院ではどうしても1人の患者さんに費やせる時間が短く、その患者さんのことを十分に知ることができません。もっと患者さんを深く理解したケアをしたいという思いもあって、訪問看護ステーションならば可能なのではないかと思ったのです」

そこで、東京・台東区にある訪問看

現場インタビュー③「看護師」

護ステーションに永井さんは勤め始めました。しかし、病院勤務と訪問看護ステーションとではいろいろ違いもあったそうです。

「1人の患者さんにだいたい1時間くらいの時間をかけますから、患者さんと向き合う時間も長くなり、それ以外にも患者さんの家族から相談を受けたり、私からもアドバイスをするなど、丁寧なケアができるようになったと思います。でも、病院と違いますから、何でも揃っているわけではありません。その場にあるものをうまく使ったり、自分でつくったりする工夫が大切です。ステーションに実習に来た方から『訪問看護ってペットボトルで頭を洗うんですよね』って言われたのですが（笑い）、寝たきりで動くことができない患者さんには、確かにペットボトルを使って頭を洗うこともあります。ペットボトルだけでなく、その場にあるものを見て、使えそうなものは何でも工夫しますよ」と、訪問看護では「知恵と工夫」が必要だと永井さんは強調します。

病院との違いということでは、病院では患者さんの家族との接点はあまりなかったと思いますが、そうしたコミュニケーションでは苦労はなかったのでしょうか。

「実際に毎日のケアをするのは家族ですから、家族がしてきた看護・介護を否定するようなことをしてはいけません。しかし、よりよいケアをするためには、本人・家族とよく話し合って、私からもこうしたらどうかという提案をして、受け入れてもらえる努力をします。患者さんのためにもなって、家族にとっても楽にケアできるようになればいいのですから。家族とのよい関係を築き、よりよいケアを考えていくという点は、訪問看護の醍醐味でもありますね」

ところで、前述したように東京都に数人しかいない「男性訪問看護師」で

すから、女性ばかりの職場での苦労もあるのでは？

「女性と男性では視点が違いますから、両方いたほうがいいと私は思っています。職場というより、患者さんから戸惑われたことはあります。患者さんの6割は女性ですから、男性の看護師には見られたくないという思いを抱く人もいます。看護師として訪問したときに『男の人？』っていう対応をされたこともありますよ。患者さんが不快な思いを抱くようなら、女性看護師に代わってもらうこともありますが、多くの場合は問題にはなりません」と、これからもっと多くの男性に、訪問看護の世界に入ってきてほしいと語ってくれました。

自転車の荷台に「7つ道具」が入った鞄を乗せて

1日に5軒ほどの患者さんのお宅を回る永井さん、移動はもっぱら自転車だそうです。

「道路が混みますし、このあたり（台東区上野）は狭い道や一方通行も多いため、自動車での移動では不便ですから、もっぱら自転車移動です。雨の日や暑いときは大変ですから、看護師も体力が必要ですよ」と、愛用の自転車に重い鞄を乗せて話してくれました。

その鞄の中には、看護師ごとに自分オリジナルの「7つ道具」が入っているそうです。もちろん7つではありませんが、患者さんのお宅にうかがうときにはその道具類を必ず持っていくというものです。

「看護師はそれぞれ自分が使いやすく、必要だと思う道具を、1つの鞄に入れておきます。もちろん、その日に訪問する患者さんだけに必要な用具もありますが、基本的に、その鞄を持っていけば事足りるように工夫しています。私の場合は、メジャーやノギスなども入れてあります。特にメジャーは2種類入れてあり、1つは手すりや段差の高さを測るもの、もう1つは患者さんの体を測るもの。ノギスは患者さんの皮膚の感覚を調べるのに使ったりします。みんなの鞄に共通して入っているのは聴診器と血圧計と体温計くらいだと思いますよ」。このへんにも、訪問看護師ならではの「知恵と工夫」がされているようです。

では、同じ看護師でも違いがあるなら、やはり得意な分野もあるのでしょうか。

「得意分野はありますね。看護師だけでなく、訪問看護ステーションにも特色があります。例えばリハビリが得

現場インタビュー③「看護師」

意という看護師が多くてステーションもリハビリテーションに力を入れているとか、末期がん患者さんなどのターミナルケア（末期医療）に力を入れているところなど、得意分野を活かしながら運営されています。私の考えですが、看護師は自分の得意分野を持っていて、そのうえで、どんなケースにも対応できるというのがいいと思っています。私自身は、リハビリが専門分野ですが、もちろんどんな患者さんも担当します」

命を支える看護

　自宅で暮らす高齢者や障害者の看護・介護の援助をするという意味では、看護師もホームヘルパーも同じと思われますが、看護師とホームヘルパーとの違いは、看護師は「特に医療の目を必要とする人」の援助もするところです。単なる「手助け」ではなく、命を支えるところまで関係していくのです。

　そんな訪問看護の魅力を、最後に永井さんはこう語ってくれました。

　「訪問看護は、その人がその人らしく生き、その人らしく亡くなるまで必要な援助を行う仕事です。些細なミスも許されないという重い責任も負っています。でも、だからこそ看護の基本が活かせる大切な仕事であり、やりがいのある仕事だと感じています」

管理栄養士
赤岩亜紀さん

Profil
あかいわ・あき さん
1974年生まれ。神奈川県出身。佐伯栄養専門学校卒業。現在、介護付き有料老人ホームで管理栄養士として活躍。

食べることは生きること。
ならば美味しく、楽しく食べてほしい

健康で長生きしていただくために、食事を通して入居者のみなさんを見守ってます

1日のスケジュール
- 09:30　申し送り(自立型入居者支援スタッフと入居者の様子など)デスクワーク(献立作成、食材の在庫確認と注文など)の後、昼食準備
- 12:00～13:30　一般食堂や要介護型入居者専用の食堂を回り、食事についての感想や注文、希望などを聞きつつ、様子をチェック
- 13:30～14:30　後片付け、デスクワーク
- 14:30～15:30　休憩
- 15:30～17:30　夕食準備
- 17:30～18:30　夕食の様子をチェック、明日の食材の確認などの後、終業

専門学校を卒業と同時に栄養士の資格を得、病院に就職し、そこで2年間の実務経験を積んで管理栄養士の資格を取得。その後一般企業の社員食堂でさらなる経験を重ねましたが、洋菓子店に職場を移し、一度経験してみたかったという接客業に就きました。

しかし、せっかくの資格がもったいないと思い直し、11年のブランクを乗り切って再び食の現場に戻ってきたというのが、『ライフ&シニアハウス川越南七彩の街』で管理栄養士として活躍している赤岩亜紀さんです。

「ここは自立した生活を送ることができる方に向けた自立型と、自立型では少し不安という方から重度の介護が必要な方(要介護)までが入居する介護型の2つのスタイルが同居した有料老人ホームです。要介護のみなさんにお出しする食事は毎食、私を含め厨房のスタッフが作っています。自立型の居室に入居されている皆さんは、自室でご自分でお作りなっても、レストラ

ンスタイルの食堂で召し上がっていただいても、どちらでもかまいません」

赤岩さんが説明してくれたように、『ライフ&シニアハウス川越南七彩の街』はさまざまな状態の高齢者が入居しています。ゆえに、厨房スタッフが用意する料理も、味付けはもちろん、カロリーや塩分への配慮、さらに要介護者向けに食材を細かく刻んだり、飲み込みやすいとろみをつけたりなどの配慮も必要になります。

「外出がむずかしい方もいらっしゃるので、毎回の食事はみなさんの楽しみでもあります。ただ食べればいい、栄養を摂れればいいというのではなく、健康な方にも要介護の方にも美味しく食べていただくための工夫は必要になります。私もここで働くようになってから、旬の野菜や果物、料理を盛りつける器などについてずいぶん勉強させていただきました。目で料理を楽しんでいただくのも、美味しく食べていただく工夫の一つですから」

子供の頃から関心があった料理をもっと深く追求したい

赤岩さんが食の仕事に興味を持ったのは、子供時代のお手伝い経験からです。

「母親が働いていたので、小学生の頃からよく祖母の台所仕事の手伝いをしていました。もともと食べることが大好きだったこともあり、高校時代に進路を決める頃には、食にかかわる仕事に就きたいと思っていました。調理師という道も考えましたが、最終的にもう一歩踏み込んで食べ物を勉強できそうな栄養士の資格を得られる学校を選びました」

赤岩さんは、食べ物が薬になるという面も勉強したかった、という前向きな意欲を持って、専門学校に入学。

「学校で学んだ栄養学は、化学と食べ物の密接なつながりが面白く、また衝撃でした。もともと理科とか化学や生物といった教科が好きだったので、こちら方面の勉強への苦手意識はありませんでした。ものを食べることによって体の中でも化学変化が起こっているということを知り、栄養学に夢中になりました」

栄養学にすっかり魅せられた赤岩さんは2年間の勉強を終えて専門学校を卒業と同時に栄養士の資格を取得し、病院に就職。そこで2年間の実務経験を経てから管理栄養士の国家試験を受け資格を取りました。

「当時はまだ合格率も40％台と高く、わりとチャレンジしやすい上位の資格

現場インタビュー④「管理栄養士」

でした。とはいうものの、やはり働きながらの勉強は大変でした。最初に勤めたのは病院ですが、栄養士の資格では調理や盛りつけといった現場仕事が中心になります。献立をつくるとか、病気に合わせて特別食を考える、といったようなデスクワークは管理栄養士の仕事になります」

調理の現場も楽しかったという赤岩さんですが、やはり自分で献立プランを練ってみたい、予算を管理してみたい、という希望があり管理栄養士の資格取得に向けてできるだけ勉強の時間を持つように努力したそうです。

「勉強より、勤務が交代制で朝5時からの時もあり、これが辛かったですね。もし遅れたら他のスタッフに迷惑がかかると思うと、前日から緊張してました。特に病院という特殊な事情もあり、食事時間は遅くなるわけにはいかないんです、その後のお薬とか検査などに影響がありますから」

健康人が食べる食事とは違い、患者さんの状態に合わせて栄養や塩分などはもちろん、食べやすいように柔らかく煮る、すりおろす、ミキサーにかけるなど食事の形態も考慮しなくてはなりません。

「じつはこの毎日の仕事を通して管理栄養士のための勉強ができました。例えば、減塩食は1日の塩分が何グラムといったことですね。こういったことが自然と身につきました」

晴れて管理栄養士の資格を取得した後、赤岩さんは一般企業の社員食堂に転職。200名近い職員の昼食の献立づくりと調理に励むこととなりました。

「社員のみなさんに喜んでいただけるようなボリュームのある内容の献立を、いかに安くつくるかが課題でした。病院とは違った視点で"食事"を考えなければなりませんでしたが、ここで初めて献立作成や食材の発注、在庫管理といった業務に携わりました。この職場を選んだのはやはり、病院とは違った経験を積みたいと思ったからです。予算の範疇で美味しく栄養があって塩分やタンパク質なども考慮し、しかもボリュームもあるという献立を考えるのはなかなか大変でしたが、その分、いい勉強になりました」

赤岩さんは2年半、社員食堂の仕事をしていましたが、少し違ったジャンルの仕事にも挑戦してみようと、まったく畑違いの洋菓子店に勤めました。

「管理栄養士の仕事がイヤになったとか職場に不満があったというのでも、次はパティシエに挑戦というのでもなく、以前からお客さまと向かい合う仕事をしてみたいという思いがあった

第1章 現場インタビュー

現場インタビュー④「管理栄養士」

んです。一度は接客業をしてみようと気軽な気持ちだったのですが、居心地がよく気がつくと10年以上も勤めていました。このままでもいいかなとも思いましたが、せっかくがんばって取った管理栄養士の資格を活かさないのももったいないと、再び食の仕事へ戻ることにしました」

ただ、ブランクがあったので、まずは派遣社員としてウォーミングアップをしてから、赤岩さんは派遣会社に登録しました。そして、派遣から半年後には正社員として雇用するという予定で、最初は派遣社員として今の職場に紹介され、現在は正社員として働いています。

「接客業を通して直接のコミュニケーションの大切さを知り、できる限り他の部署のスタッフや入居者と会話するように心がけています。厨房の外へ出て、食事へのリクエストや感想を聞いたり、逆に栄養についてのアドバイスをしています。なんといってもみなさんからの『美味しかったよ』の一言は、厨房スタッフへの何よりの栄養になるので、じつはそれが聞きたいのかもしれませんね（笑）」

最近、経験豊富な赤岩さんを中心に、ホーム内外に向けて『認知症になりにくい食習慣』などをテーマにセミナーを開催したり、認知症予防おすすめレシピを配るといった新しい試みにもチャレンジするなど、管理栄養士の赤岩さんは文字通りホームの食の管理人としてますます頼もしい存在になっているようです。

介護保険のサービス利用

　介護保険制度は、保険料を負担する被保険者（40歳以上の日本在住の人）が介護を必要とする状態になった場合に、保険者（市町村・特別区など）が被保険者に対して介護サービスを提供するという仕組みです。

　被保険者は、第1号被保険者と第2号被保険者に分けられ、第1号被保険者は、65歳以上で、介護が必要な状態になったときには、その原因を問わずに要介護認定（後述）を受けて介護サービスを利用することができます。第2号被保険者は、40歳以上65歳未満の人で、老化に伴う疾病（関節リウマチ、初老期における認知症、骨折を伴う骨粗鬆症など「特定疾病」16種類）が原因で介護が必要な状態になったときに限り、要介護（要支援）認定を受けて介護サービスを利用することができます。2012年12月現在、554万人が認定を受けています。

　介護サービスを利用するためには、被保険者がどの程度の介護を必要とするのかを認定しますが、これを「要介護認定」といい、要支援1～2、要介護1～5の7段階の要支援度と要介護度があります。この要介護度（要支援度）に合わせて、ケアマネジャーが介護サービスを組み合わせてサービス内容を決定します。

　利用者は、直接、介護サービス事業者と契約をして、この決定に沿った内容の介護サービスを受けることができます。つまり、自分が気に入ったサービス事業者を選ぶことができるわけで、気に入らなければ変更もできます。

　利用者が介護サービスを利用する際には、原則として費用の1割を負担します。

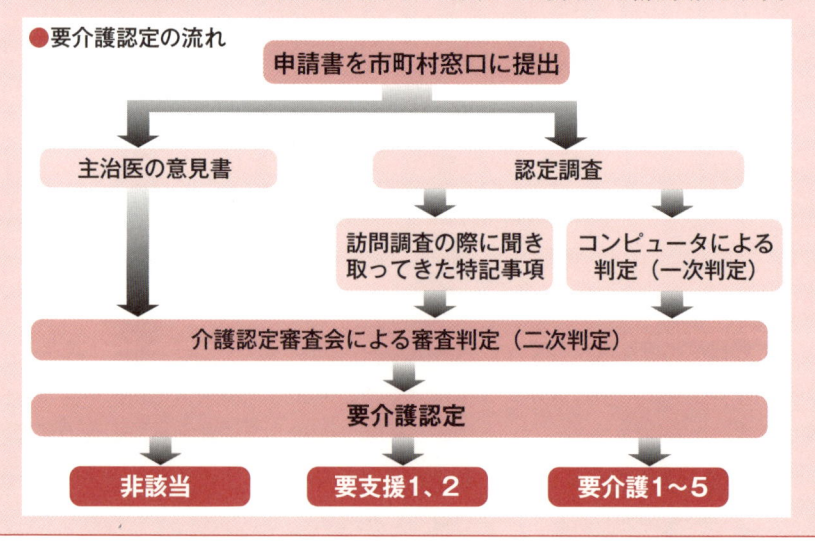

●要介護認定の流れ

申請書を市町村窓口に提出
↓
主治医の意見書　／　認定調査
　　　　　　　　　　↓
　　　　　訪問調査の際に聞き取ってきた特記事項　／　コンピュータによる判定（一次判定）
↓
介護認定審査会による審査判定（二次判定）
↓
要介護認定
↓
非該当　／　要支援1、2　／　要介護1～5

第2章
福祉・介護の職場ガイド

介護老人福祉施設（特別養護老人ホーム）

こんな施設です　自宅で家族に介護してもらうことができず、そして常時介護を必要とするお年寄りのための施設です。日常生活で必要な介護すべてを提供します。

こんな人たちが働いています

職員　施設長、事務員、生活相談員、介護支援専門員、介護職員、看護職員、機能訓練指導員、栄養士、調理員、医師など

資格等　社会福祉主事、社会福祉士、介護福祉士、介護職員初任者研修修了者、看護師、介護支援専門員（ケアマネジャー）、理学療法士、作業療法士、音楽療法士、健康運動指導士、福祉レクリエーションワーカー、栄養士・管理栄養士、調理師、医師

職員・資格は事業所で必須の人員ではありません。事業所によって違いがあります。

施設の概要　常時介護を必要とするお年寄りのための介護施設

自宅での介護がむずかしく、認知症や寝たきりなど、自力で食事を摂ったりトイレに行けないという、おおよそ65歳以上の高齢者に入所してもらう施設です。24時間体制で介護を行います。

老人福祉法によって設置されている施設ですが、介護保険の施設サービスのひとつで、入所者は要介護1〜5（☞54ページ）に認定されている人です。多くの施設で入所申込者が急増し、入所待ちの高齢者が増加しているため、各自治体では、要介護度や入所待ち年数、本人の生活事情などを数値化して入所のための基準を設けています。

いろいろな介護サービスを行いますが、できるかぎり自宅へ帰ってもらえるように努めます。

施設の職員が提供できるのは、介護保険でまかなわれる介護サービスや相談援助などです。この福祉施設は医療を目的としていないため、常に医師や看護師の判断や処置が必要な人は利用できません。

介護職の勤務の仕方は？

介護職員の募集には正社員、契約社員、パートなどの雇用形態があり、最近では夜勤専任のスタッフを募集しているところもあります。また、登録して自分ができる時間だけ働く方法など、さまざまな働き方が可能です。

寝起きする部屋は居室と呼ばれ、入所者1名当たり10.65平方メートル（約6.45畳）以上と決められています。他に医務室や食堂、浴室、機能訓練室などが用意されていて、みんなで体操なども行います。

働いている人 介護福祉士などの介護職が中心

職員は施設長、事務員、生活相談員、指導員、介護職員、看護職員、栄養士・管理栄養士、調理員、医師、機能訓練指導員（理学療法士や作業療法士など）、ケアマネジャーなどです。

入所者のほとんどが寝たきりや認知症、身体が不自由な人ですから、職員の多くは介護職です。具体的な仕事の内容は、立ったり座ったりする際の介助や食事の手助け、入浴するときの介助、車いすを押して移動する介助など、身体に直接触れて行う介護の仕事です。こういった介護職員は、職場では「寮母・寮夫」などという職名で呼ばれることもあり、介護福祉士（☞129ページ）や介護職員初任者研修（☞137ページ）の資格を持つ介護のプロです。2011年10月時点で、1施設の常勤従事者は平均47.1人、そのうち介護職員は31.5人となっています。

介護職として働く場合、24時間体制で高齢者を介護するので、勤務は遅番・早番・夜勤など複雑です。体調を崩しがちになるので、しっかりとした自己管理が求められます。

介護老人福祉施設は入所者が生活する場ですから、介護職員の他にも、日常生活を送るための手助けをするさまざまな職員がいます。このうち、どん

介護老人福祉施設（特別養護老人ホーム）

■職種別の求人・求職の動向

	有効求人数		有効求職者数 （希望・複数回答）		有効求人倍率	有効求職者数 （第一希望）		有効求人倍率
	人数	対合計比	人数	対合計比		人数	対合計比	
介護職（ヘルパー以外）	28,854	49.8%	12,092	61.9%	2.39	9,680	49.5%	2.98
相談員・支援・指導員	6,045	10.4%	7,556	38.7%	0.80	4,117	21.1%	1.47
介護支援専門員	2,064	3.6%	1,306	6.7%	1.58	623	3.2%	3.31
ホームヘルパー	6,078	10.5%	3,533	18.1%	1.72	694	3.6%	8.76
保育士	2,881	5.0%	2,228	11.4%	1.29	1,568	8.0%	1.84
看護職	7,879	13.6%	387	2.0%	20.36	273	1.4%	28.86
事務職	362	0.6%	2,828	14.5%	0.13	527	2.7%	0.69

注1）福祉人材センター調べ。平成25年7月現在。
注2）有効求職者数の合計は詳細情報の記入のあった求職者数であり、全体と一致しない。合計は複数回答による重複分を除いた数。
注3）ホームヘルパーは介護福祉初任者研修に変更されたが、現時点では求人があるため。

な規模の施設でも常勤でいなければいけないとされているのが、生活相談員です。仕事は、入所者からの相談を受けたり、悩みごとを解決するための助言をしたり、家族との連絡調整や他の施設や介護サービスとの連携など、さまざまです。自治体のサービスや福祉行政、介護保険などに精通していなければならないため、社会福祉士（☞126ページ）の資格を持つ人がこの仕事に就くことが多いようです。

他にも、機能訓練指導員として、理学療法士（☞140ページ）や作業療法士（☞143ページ）、言語聴覚士（☞152ページ）がいます。いずれも病気や老化で衰えた機能を回復させたり、悪化を防ぐ目的で、医師の指導のもとにリハビリテーションの指導を行います。こうした専門職は、施設の入所定員や規模により介護保険法によって配置しなければならない人数が定められているので、必ずしも施設ごとに常勤の人が必要、ということではありません。

また、健康運動指導士（☞161ページ）や福祉レクリエーションワーカー（☞173ページ）が定期的に訪問して、入所しているお年寄りの健康維持をサポートしているところもあります。

施設数 将来性　高齢化が進み施設数も入所者も増加

施設数としては2011年には全国に5953カ所あり、42万人以上の高齢者が入所しています。これは、2000年の約29万人（施設数4486カ所）から比べると約1.4倍以上の数になっており、高齢化社会を反映して、これからも増えることが予想されています。

■介護老人福祉施設の施設数と所在者数

注）厚生労働省「介護サービス施設・事業所調査」。各年10月

介護職の給与はいくらぐらい？

介護職員の給与は、正社員で16万円〜18万円くらいが多く、それに経験や資格が考慮されたり、夜勤手当などの手当がつくというケースが多いようです。パートでは時給800円〜1000円程度が多く、日給のところもあります。地域によって若干の差があります。パートでも経験者への優遇措置があるところもあります。

養護老人ホーム

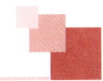

| こんな施設です | 経済的な理由で自宅で生活するのがむずかしい、65歳以上のお年寄りに、安心して日常生活を送ってもらうための入所施設です。 |

こんな人たちが働いています	職員	施設長、事務員、生活相談員、支援員、介護職員、看護職員、医師、栄養士、調理員
	資格等	社会福祉主事、社会福祉士、介護福祉士、介護職員初任者研修修了者、看護師、医師、栄養士・管理栄養士、調理師

職員・資格は事業所で必須の人員ではありません。事業所によって違いがあります。

養護老人ホーム 介護老人福祉施設（特別養護老人ホーム）

施設の概要　経済的の理由などで自宅で生活できないお年寄りが入所

　養護老人ホームは、かつては「養老院」とか「養老ホーム」などと呼ばれていた、社会的弱者のための施設です。基本的には日常生活が自分で行えること、そして65歳以上で、環境上の理由または経済的な理由で自宅での生活が困難な人のための施設です。

　この施設は介護保険の施設ではないため、入所できるのは自治体が措置決定をした（入所が必要と認めた）人だけで、だれでも入れるわけではありません。現在の主な入所者は、介護老人福祉施設（☞56ページ）に入所するに到らない比較的軽度の要介護者、精神障害、アルコール依存症などの問題を抱えているため家族との折り合いが悪く一人暮らしもできないといった人や、経済的に困窮している人たちです。生活主体の場なので、全室個室になっているところも多くなりました。

　入所は本人や家族が希望するケースのほか、一人暮らしのお年寄りの場合は近隣の人が生活に困っていたり身体が弱っている状況を見かねて、代理で入所を申請することもあります。入所申請の相談は、近くの民生委員か市区町村の役所や福祉事務所にします。

　この施設は、すべてが無料というわけではなく、本人や扶養義務者が負担できる能力に基づいて、費用を負担します。それ以外の費用は自治体の福祉

予算でまかなわれていましたが、制度が一部見直されました。要介護の認定（☞54ページ）を受けた人は、その人に必要な介護について、介護保険サービスを利用できます。

働いている人　生活指導の職員が中心となる

施設長、事務員、生活相談員、支援員、介護職員、看護職員、栄養士・管理栄養士、調理員、医師などが働いています。

生活相談員は、入所者の生活相談および指導をします。支援員は入所者の介護をはじめ、日常的生活を送るうえでさまざまなサポートを行います。看護師（☞186ページ）は入所者の保健衛生の指導、栄養士（☞176ページ）は入所者の献立を作成したり栄養指導を行い、調理員は食事づくりを担当しています。

入所者が高齢化して身体的に不自由な人も多くなっており、介護職員の仕事量も増えてきているようです。

季節ごとのレクリエーション活動も行われます。しかし施設の目的はあくまでも「日常生活を健康的に送り、社会復帰をめざすためのサポート」です。何にでも手を差し伸べるのではなく、本人ができることやできそうなことは、積極的にやってもらう、という立場で見守ることが大切です。

施設数　将来性　今後、施設のスタイルは変化していく

最近は80歳を超える高齢者も多くなり、介護を必要とする人が増えています。実際、24時間介護が必要な入所者もいて、介護老人福祉施設との差がなくなってきています。

2011年では、全国に893の施設があり、約5.6万人が生活していますが、入所者も年々減る傾向にあります。

厚生労働省では2004年に養護老人ホームの将来像に関する研究会を設置し、「措置施設として残る、ケアハウス（☞63ページ）化、両機能を保持」の3つのスタイルから、施設自ら選択するよう改革を進めています。

■ 養護老人ホームの施設数と在所者数

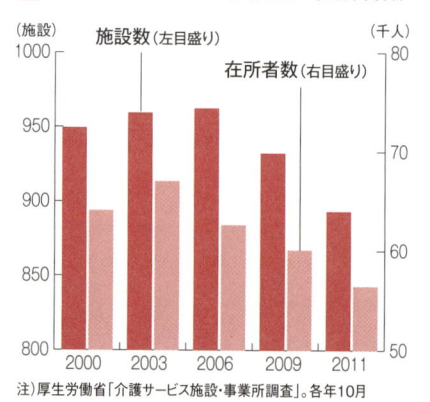

注）厚生労働省「介護サービス施設・事業所調査」。各年10月

介護老人保健施設

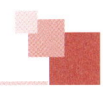

| こんな施設です | 病状が安定したお年寄りを対象に、家庭に帰ることができるようにリハビリテーションを行う施設で、病院と自宅との中間的役割を担っています。 |

こんな人たちが働いています	職員	施設長、事務員、支援相談員、介護職員、看護職員、介護支援専門員、機能訓練指導員、医師、栄養士、調理員
	資格等	社会福祉士、介護福祉士、介護職員初任者研修修了者、介護支援専門員（ケアマネジャー）、看護師、理学療法士、作業療法士、健康運動指導士、福祉レクリエーションワーカー、医師、栄養士・管理栄養士、調理師

職員・資格は事業所で必須の人員ではありません。事業所によって違いがあります。

施設の概要　リハビリを必要とするお年寄りが入所または通所

　介護保険の被保険者にサービスを提供できる施設を「介護保険施設」といいますが、介護老人保健施設はこの施設に当たります。介護保険施設には、このほかに介護老人福祉施設（☞56ページ）、介護療養型医療施設（☞70ページ）があります。

　介護老人保健施設は、病気やけがで入院していたり、また持病がある場合、その病状が安定して入院治療の必要はなくなったが、リハビリテーションを必要とするという人が対象です。ケアマネジャー（☞134ページ）が作成したケアプランに基づいて利用されます。

　施設の性格としては、病院に入院して治療を終えた高齢者が、自立した生活や家庭復帰をめざすための、いわば中間施設で、介護保険法には「その者の居宅における生活への復帰をめざすものでなければならない」と、強調されています。

　入所期間は3カ月～6カ月が目途とされていますが、現実には長期入所の人も増えており、介護老人福祉施設との差が縮まっているようです。2005年10月以降は、利用者から居住費や食費が徴収されるようになったため、施設というより、住居に近いイメージになりました。

　多くの施設では入所利用のほかに、通所利用（通所リハビリテーション）

や短期利用（ショートステイ）も行っています。

■入所利用する場合

基本的に、利用できる期間は3カ月〜6カ月間で、主に寝たきりのお年寄りなどに対して、家庭復帰のためのリハビリテーションや日常生活を送るのに必要な介護や看護を行います。

■通所利用（通所リハビリテーション）の場合

午前9時頃から午後4時頃までのプログラムで、ひきこもりになりがちな高齢者を預かり、リハビリテーション、レクリエーション、昼食、入浴などのサービスをするデイケアと、夜間に認知症などが原因で徘徊をする高齢者を預かるナイトケアがあります。

■短期入所（ショートステイ）の場合

普段介護している家族が病気になったり、旅行するなど、家庭の事情で一時的に介護が困難になったときに利用できる短期間の入所サービスです。

働いている人　リハビリのために必要な医師、療法士が中心

設置主体の多くが医療法人で、病院の関連施設として開設されているところがほとんどです。施設の性格上、医療行為とは切り離せません。この施設では、医師、看護師、介護職員、理学療法士、作業療法士、ケアマネジャーなどが働いています。

1日でも早く家庭へ帰ることができるように、入所者の1日はリハビリが中心になります。介護面でも、生活介助より積極的に身体機能の回復に向けた介護の工夫が求められます。

施設数 将来性　高齢者のリハビリの中心的施設として期待

2011年では、全国に3533の施設があります。2006年4月の介護保険法改正によって、介護保険3施設の1つで、より医療に近かった介護療養型医療施設（☞70ページ）が、2018年3月までに廃止されることになりました。そのため、傷病治癒後の介護やリハビリの面で、今後、介護老人保健施設に期待される役割はますます大きくなります。

■ 介護老人保健施設の施設数と在所者数

注）厚生労働省「介護サービス施設・事業所調査」。各年10月

軽費老人ホーム（A型・B型・ケアハウス）

こんな施設です	おおむね60歳以上の自立したお年寄りが対象で、サービス内容によって3つのスタイルがあります。

こんな人たちが働いています	職員	施設長、事務員、生活相談員、支援員、介護職員、看護職員、医師、調理員、栄養士（管理栄養士）
	資格等	社会福祉主事、社会福祉士、介護福祉士、介護職員初任者研修修了者、栄養士、看護師、医師

職員・資格は事業所で必須の人員ではありません。事業所によって違いがあります。

施設の概要　日常生活ができるお年寄りの入所が基本

　軽費老人ホームは、介護老人福祉施設（☞56ページ）や介護老人保健施設（☞61ページ）のような介護保険施設ではありません。むしろ高齢者専用アパートに近いイメージです。ただし、「家庭環境、住宅事情などの理由で自宅で生活することが困難なお年寄り」を対象としています。

　低額な料金で高齢者に入所してもらい、日常生活を送るうえで必要なサポートや食事を提供する施設で、提供するサービスに応じてA型、B型、ケアハウスの3種類があります。

　A型は食堂が整備されていて、食事を提供します。B型は原則として自炊です。ケアハウスは、自炊ができない程度に身体機能の低下がある人を対象としており、食事を提供します。介護が必要な状態になった場合には、外部

軽費老人ホームで働くには？

　軽費老人ホームは、福祉法人や医療法人などが介護老人福祉施設やデイケアセンター等と一緒に経営しているケースも多く、軽費老人ホーム単独での募集はあまり多くありません。こうした法人に就職した場合でも、必ずしも軽費老人ホームで働けるとは限らないため、自分がどこで働きたいかを明確にして就職活動をしたほうがいいでしょう。

事業者による介護サービスを利用するか、または施設内で介護サービスがあれば入所したままで介護のサービスを受けられるというものです。

　A型は老人福祉法が制定された1963年からありましたが、1971年にはB型が制度化され、さらに1989年にはケアハウスが制度化されるなど、それぞれ時代のニーズに応じて追加されてきました。その結果、今では職員や居室などの基準がさまざまで複雑化してしまったこと、また入所者の高齢化で介護サービスが重要になってきていることもあり、今後は現存のA・B型も含め、ケアハウスのタイプに一本化される方向にあります。

　利用者やその家族と、ホームとの契約によって入所ができます。とはいってもだれでも利用できるわけではなく、A・B型は家庭環境や住宅事情によって在宅での生活がむずかしい60歳以上の人（夫婦で入居する場合はどちらかが60歳以上）で、身の回りのことができる、認知症などがない、集団生活ができる、利用料を負担できるなどの条件があります。これらの条件が満たせない場合は、入所を断られたり、あるいは入所中であっても施設側の判断で退所ということもあります。ただし、ケアハウスに関しては、所得制限などはありません。

　もし、入居者が介護が必要な状態になったら、原則的にはそれぞれで訪問介護サービスを利用します。仮に老化が進み重度の認知症になったり、片時も目を外せないような状態で24時間介護が必要な状態になったら、他の施設に移らなくてはなりません。ケアハウ

■ 軽費老人ホームA型、B型の施設数と所在者数

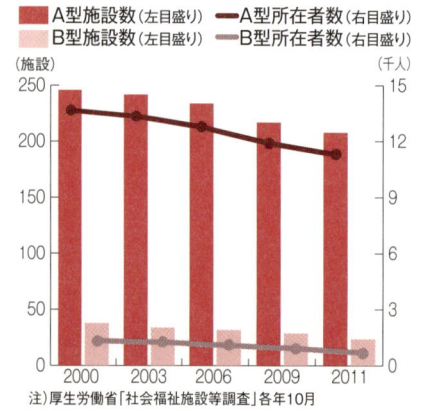

■ ケアハウスの施設数と在所者数

スの場合、施設自体が介護保険指定事業者であれば、そのままその施設で介護サービスを受けることも可能ですが、やはり重度の要介護の場合は、他施設に移ることもあります。

働いている人　生活指導員、施設の管理人が中心

施設長や事務員、生活相談員、支援員、看護師（☞186ページ）などのほかに、食事の提供があるA型やケアハウスでは栄養士（☞176ページ）、調理員がいます。入浴サービスを行っている施設では入浴介助が必要になることもあります。介護保険指定事業者のケアハウスでは、介護職員も働いています。

B型は、施設というよりアパートに近い感覚で、職員も管理人的な仕事になります。とはいえ入所者は高齢者ですから、普段から見守りや生活アドバイスなど、些細なことでも気にかけるような気配りが大切です。

施設数 将来性　ケアハウス化、介護型老人ホームへ転身も

2011年では、A型が208、B型が24、ケアハウスが1769となっています。前述したように、今後は現存のA・B型という区分がなくなり、ケアハウスのみになると思われます。

なお、ケアハウスは基本的に「身の回りのことを自分でできる人」が入所する施設ですが、最近では介護老人福祉施設や介護型の有料老人ホームと同じように、要介護状態になってからも入所できる施設も増えてきました。

軽費老人ホーム

【A型】食事の提供あり！
【B型】各自で自炊！
【ケアハウス】食事の提供あり！　車イスに対応！

★所得制限あり
★所得制限なし

有料老人ホーム

こんな施設です
生活のサービスや介護のサービスを提供し、お年寄りの終(つい)の棲家(すみか)としての役割も果たします。

こんな人たちが働いています

職員 施設長、事務員、生活相談員、介護支援専門員、介護職員、介助員、看護職員、栄養士、調理員

資格等 社会福祉士、介護支援専門員(ケアマネジャー)、介護福祉士、介護職員初任者研修修了者看護師、医師、栄養士

職員・資格は事業所で必須の人員ではありません。事業所によって違いがあります。

施設の概要　介護型、住宅型、健康型 3つのタイプがある

　有料老人ホームとは、食事や健康管理、健康相談、レクリエーションなど生活全般のサービスと、入浴介助、食事介助、通院介助などの介護サービスを提供する施設のことで、介護保険制度では「特定施設」と呼ばれます。提供できるサービス内容によって、現在はほぼ次の3つに分類できます。

①生活サービスと介護サービス(一般的には施設のスタッフが提供。外部事業者を利用可能な場合もある)が受けられる「介護型」。

②生活サービスは施設が提供し、介護サービスが必要になったら外部事業者が提供する「住宅型」。

③介護サービスが必要な状態になったら契約を解除しなければならない「健康型」。

　介護サービスは基本的に介護保険から給付されますが、施設の運営費用は

賃金水準はどれくらい?

　有料老人ホームで正社員の介護職として働く場合、18万円～20万円くらいが多いようです。資格があるか、介護福祉士か介護職員初任者研修修了者(ホームヘルパー2級)かによっても違います。介護福祉士で22万円程度からというところもあります。

　パートでの採用も多く、この場合でも違いがありますが、時給800円～1000円程度が多いようです。

入居者からのお金でまかなわれるため、入居時に支払う「入居金」が高額なところもあります。また、入居後は毎月、食費や管理費、居室での光熱費・水道代・電話代などが必要です。

いろいろなスタイルの老人ホームがありますが、入居者に生活サービス（食事、家事など）や介護サービス（健康管理も含む）を提供しているところはすべて有料老人ホームとして届け出ます。なお、軽費老人ホーム（☞63ページ）とよく比較されますが、軽費老人ホームは入所に一定の基準がありますが、有料老人ホームにはありません。

働いている人　介護職員が中心の施設と生活サポート職員中心施設がある

施設長や事務職員のほか、生活相談員、介護職員、看護職員、栄養士（☞176ページ）、調理員などがいます。介護型のホームでは作業療法士（☞143ページ）、理学療法士（☞140ページ）が働いているところもあります。

施設のタイプによっては、入所者のなかには介護サービスが必要ではない人もいるため、そうしたところでは生活全般のサポートが中心になります。

有料老人ホームに入居する高齢者たちのなかには、入居のために財産を処分してきた人も多く、ここが「終（つい）の棲家（すみか）」になるケースもあります。スタッフは家族同様であり、入居者に対してはそういった接し方が求められます。

施設数　将来性　団塊世代の高齢化でますます拡大する需要

2011年では、全国に約4600のホームがあります。前年に比べて約11％増加しています。この数字は、他の老人施設（介護老人福祉施設など）に比べても大きくなっており、それだけ人気や需要があるということでしょう。

ある程度自立した生活は送れるが、体力的に食事の支度や掃除などの家事がつらい、一戸建てはセキュリティ面が心配といったような理由で、老後の住まいに有料老人ホームを選択する人は、団塊世代の高齢化に伴いしばらく増加の傾向が続くでしょう。

有料老人ホームの施設数と在所者数

注）厚生労働省「社会福祉施設等調査」。各年10月

認知症グループホーム（認知症対応型共同生活介護）

こんな施設です	認知症のお年寄り5～9人を単位として、共同生活する施設です。少人数で家庭的に生活することで認知症の進行を遅らすことが期待されています。

こんな人たちが働いています	職員	管理者、事務員、生活指導員（生活相談員）、介護支援専門員、介護職員、看護職員、栄養士、調理員
	資格等	社会福祉士、介護福祉士、介護職員初任者研修修了者、介護支援専門員（ケアマネジャー）、看護師、栄養士・管理栄養士

職員・資格は事業所で必須の人員ではありません。事業所によって違いがあります。

施設の概要　認知症のお年寄りが少人数で共同生活する家

　グループホームは、認知症対応型共同生活介護と呼ばれ、要介護1～5の認定（☞54ページ）を受けている認知症の高齢者が対象で、少人数で普通の生活が送れるように配慮した共同生活の場です。

　もともとスウェーデンの一般の民家で行われていたグループリビングケアが発祥とされており、少人数で家庭的な生活することで認知症の進行が穏やかになるといわれています。日本では1997年に法律が整備され、介護保険のなかでは施設サービスではなく在宅サービスに位置づけられています。つまり、高齢者がこのホームで共同で生活している、という考え方なのです。

　居室は基本的に個室で、5～9人が1ユニット（単位）として共同生活を送っています。こじんまりとした家庭的な雰囲気のなかで、入浴・排泄・食事等の介護、日常生活上の世話、機能

賃金水準はどれくらい？

　介護職として働く場合、地域、資格の有無などによって給与に差があります。東京都では16万円～24万円、それ以上のところもあります。

　ケアマネジャーになると、20万円～28万円ほどが多く、30万円以上というところもあります。

訓練を行います。

基本的に共同生活なので、入居者たちは自分で食事をつくったり、掃除をするなど、スタッフの手を借りながら、できることは自分で行います。ですから、他人と一緒に生活するのが困難な人の場合には入居できないことがあります。また、寝たきりや医療が必要な状態になると、住めなくなります。

生活に必要な衣食住の費用は全額自己負担で、介護サービスに対してのみ1割自己負担します。

働いている人　入居者に親密に接することができる介護職員が中心

管理者、介護職員、看護師（☞186ページ）、ケアマネジャー（☞134ページ）などが働いています。生活の場なので、スタッフは入居者の生活をサポートするという立場ですから、入居者と一緒に台所に立ったり、掃除を手助けしたりします。24時間必ず職員がいなければならないので、夜勤や日勤、遅番、早番などが日常的にあります。

1事業所当たり、同一敷地内に2ユニットまでしか設置できないので、どこの施設もそれほど大きくありません。都市部ではマンションの一画を改装してグループホームにしているところもあります。アットホームな感じがしますが、逆にその雰囲気になじめないと勤めにくいかもしれません。

施設数 将来性　家庭的な介護を求める人の増加で、今後も期待

2011年では、9484施設あります。前年より542施設増え、ニーズの大きさがうかがえます。

認知症の高齢者は、2020年には推計で410万人になるともいわれていますので、グループホームのような施設は今後もっと必要になるでしょう。

グループホームの施設数と利用者数

注）厚生労働省「介護サービス施設・事業所調査」。各年10月

介護療養型医療施設

| こんな施設です | 長期の療養を必要とするお年寄りに、介護と医療を提供する病院です。 |

| こんな人たちが働いています | 職員 | 施設長、事務員、調理員、栄養士（管理栄養士）、介護職員、介護支援専門員、看護職員、機能訓練指導員、薬剤師、医師、歯科医師 |
| | 資格等 | 介護福祉士、栄養士、介護支援専門員（ケアマネジャー）、看護師、准看護師、医師、理学療法士、作業療法士、放射線技師、検査技師、薬剤師 |

職員・資格は事業所で必須の人員ではありません。事業所によって違いがあります。

施設の概要　長期療養が必要なお年寄りの入院施設

介護療養型医療施設は、介護保険で入院できる医療施設です。急性期の治療が終わり、長期の療養を必要とする要介護者が対象で、医療、療養上の管理、看護などが受けられますが、一般の病院とは異なり長期療養を考えて介護職員を多く配置しています。

介護保険のシステムでは、介護老人福祉施設（☞56ページ）、介護老人保健施設（☞61ページ）、介護療養型医療施設の順で医療分野に近づきます。

働いている人　療養のためのケアスタッフが中心

基本的には医療機関なので、医師、薬剤師、看護師、栄養士、放射線技師、検査技師、理学療法士、作業療法士、介護職員などが働いています。

働く人には医療と介護の両方の知識が求められます。急性期を過ぎたといってもまだまだ医療処置が必要なため、見守り一つをとっても、よく観察する、急変を見逃さないなど細心の注意が必要になるでしょう。

施設数将来性　2018年春には廃止され、施設転換が図られる

2011年の時点では1711の施設がありますが、2018年3月までに廃止され、「介護老人福祉施設」か「介護老人保健施設」、あるいは有料老人ホームなどに転換される予定です。

老人デイサービスセンター（通所介護）

こんな施設です
介護を必要とするお年寄りに対して、通所で、食事や入浴などの日常生活に必要な世話や機能訓練などを行う施設です。

こんな人たちが働いています

職員
施設長、事務員、調理員、栄養士、生活指導員（生活相談員）、介護職員、介護支援専門員、レクリエーション指導員、看護職員、機能訓練指導員、医師、送迎ドライバー

資格等
社会福祉主事、社会福祉士、介護福祉士、調理師、栄養士、介護支援専門員（ケアマネジャー）、介護職員初任者研修修了者、音楽療法士、健康運動指導士、福祉レクリエーションワーカー、看護師、理学療法士、作業療法士、医師、歯科医師、自動車免許

職員・資格は事業所で必須の人員ではありません。事業所によって違いがあります。

施設の概要　自宅で暮らすお年寄りに日帰りでさまざまなサービスを提供

　自宅で暮らすお年寄りに通ってもらい、介護を行う施設です。主に65歳以上のお年寄りを対象に、食事の提供、機能訓練（リハビリテーション）、レクリエーション、健康チェックなどのサービスを提供します。特定疾病により要介護状態になった40歳以上の人も利用が可能です（☞54ページ）。施設によっては、入浴サービスも行っているところもあります。

　ここでは、利用者が友だちをつくったり、機能訓練を行うほかに、自宅で介護をしている家族が昼間に休養を取る目的でも活用されています。

　1990年の老人福祉法の改正によって老人福祉施設となり、2000年から実施されている介護保険法上は「通所介護事業所」と呼ばれます。

　老人デイサービスセンターにはA型（重介護型）、B型（虚弱型または基本型）、C型（軽介護型）、D型（小規模型）、E型（排徊型認知症の毎日通所型）の5種類があり、一般的には、B型が基準とされています。

　通所型の施設には、理学療法、作業療法による機能訓練・創作活動など、その他必要なリハビリテーションを実施するデイケアセンターもあります。デイサービスセンターとデイケアセンターの違いは、デイケアセンターでは介護とともに医療的ケアを行う点にあ

ります。

　なお、デイケアセンター、デイサービスセンターともに、開設主体は社会福祉法人、医療法人、NPO、地方公共団体などがありますが、他にも株式会社などの営利法人が多くあり、リハビリが目的のデイケアセンター（通所リハビリテーション）では、医療法人が多くなっています。

　デイサービスセンターの1日は、だいたい9時頃から始まり、夕方4時～5時くらいに利用者が帰宅します。午前中は軽い体操や健康チェック、集団でのレクリエーションを行い、昼食をとったあとは、入浴やレクリエーション、またはお昼寝。おやつをはさんで夕方までレクリエーションなどが行われます。

　カラオケや簡単なゲームができる機械が設置されているところもあり、生活に必要な機能訓練を行いながら、1日を楽しく過ごしてもらうのです。

働いている人　入浴、リハビリ、健康チェックなど多彩なサービスに対応

　介護老人福祉施設（☞56ページ）などに併設されているところであれば、その施設長がデイサービスの施設も同時に管理しているところが多くなっています。健康チェックや動作訓練、給食など、施設の規模でするべきことが定められているので、その業務をきちんと実行できるだけの人材や資格を持った人が必要となります。

　具体的には介護職員、生活相談員、看護師（☞186ページ）、理学療法士（☞140ページ）、作業療法士（☞143ページ）、医師、歯科医師・歯科衛生士、栄養士（☞176ページ）、調理師（☞184ページ）、運転手（送迎ドライバー）などです。

　最近は、口腔ケア（歯磨き、義歯の手入れなど口回り全般のケア）の重要性が高まっています。そこで歯科医師が常駐したり、歯科医院と提携して定期的に歯科医師・歯科衛生士を派遣してもらっているデイサービスセンターが増えています。ものを噛むことは脳を刺激するため脳のリハビリになり、また自分でおいしく食事をすることは人生の楽しみにもなります。

　それ以上に大切なのは、嚥下性肺炎（または誤嚥性肺炎）の予防です。嚥下性肺炎とは唾液や食べ物を誤って気道に入れてしまうことで、そこに含ま

れる細菌から引き起こされる肺炎のことです。高齢者の肺炎の約70％が、この嚥下性肺炎から引き起こされるといわれており、口の中に細菌が繁殖しないように清潔に保つことが大切になります。

そこで、歯科医師・歯科衛生士に歯磨きや義歯の手入れの仕方を指導してもらい、嚥下性肺炎の予防に努めることが重要なのです。

通所の施設なので、車での送り迎えは欠かせません。小型バスなどで利用者の自宅を回って送迎するため、送迎車ドライバーが働いています。小規模の施設では、生活相談員が送迎をする場合もあるようです。

なお、ここでいう生活指導とは、趣味や運動などレクリエーション活動も含みます。これらを通して、新しい友だちをつくったり、趣味の仲間を増やしたりして、楽しくハリのある生活を送れるようサポートします。そのため、福祉レクリエーションワーカー（☞173ページ）や健康運動指導士（☞161ページ）、音楽療法士（☞167ページ）などが働いていたり、定期的に派遣してもらっている施設もあります。

デイサービスセンターは、利用者本人のためだけでなく、自宅で介護をする家族の負担を軽くする役割も担っています。介護は24時間、休みのない仕事になるので、せめて日中だけでもこういった施設でお年寄りを見ていてくれると、介護する家族にとっては身体的にも精神的にも負担が軽くなります。ですから、相談員は本人はもとより、家族からの介護相談などを受け、適切なアドバイスも行います。

施設数 将来性　元気に過ごすためにも重要視されるセンター

2011年には、デイサービスセンターは全国で2万4381カ所、前年より1643カ所増加、デイケアセンターも5948カ所あり、両方合せると137万人以上が利用しています。訪問介護と合わせ、居宅介護の中核となっている通所介護施設なので、今後もしばらくは増加傾向が続くでしょう。

■ 老人デイサービスセンターの施設数と利用者数

注）厚生労働省「介護サービス施設・事業所調査」。各年10月

老人デイサービスセンター

訪問看護ステーション

こんな施設です	医療・療養が必要な自宅で生活するお年寄りのために、看護師などを派遣して看護を提供するステーションです。

こんな人たちが働いています	職員	介護職員、看護職員、介護支援専門員、栄養士、機能訓練指導員、医師
	資格等	介護福祉士、介護職員初任者研修修了者、栄養士、介護支援専門員（ケアマネジャー）、看護師、保健師、助産師、理学療法士、作業療法士、言語聴覚士、医師

職員・資格は事業所で必須の人員ではありません。事業所によって違いがあります。

施設の概要　看護を必要とするお年寄りが自宅で生活するための味方

　医療や療養を必要とする高齢者が、住み慣れた自宅で安心して過ごせるように、看護師が、かかりつけの医師と連絡を取り合いながら訪問し、看護を提供する事業所です。

　対象は、病気やけがなどで寝たきりになっている、または寝たきりになる恐れがある、認知症である、難病・重度障害・精神障害がある、ターミナルケア（終末医療）が必要である、その他医師の指示があるなどで、具体的に行うサービスは以下のようなことです。

- 身体の世話：身体の清拭、洗髪、入浴介助、食事や排泄などの介助・指導、床ずれ防止など
- 医師の指示による医療処置：かかりつけ医の指示に基づく医療処置
- 病状の観察：病気や障害の状態、血圧・体温・脈拍などのチェック
- 医療機器の管理：在宅酸素、人工呼吸器などの管理

賃金水準はどれくらい？

　正看護師か准看護師によって給与に差がある場合もありますが、おおむね正職員で20万円〜30万円というのが相場のようです。

　理学療法士・作業療法士は、常勤で30万円以上のところが多く、常勤ではなく契約職員として求人しているケースが多いようです。

第2章 福祉・介護の職場ガイド

- ターミナルケア：がん末期や終末期の看護や介護
- 在宅でのリハビリテーション：拘縮（こうしゅく＝関節が曲がった状態で固まってしまうこと）予防や機能の回復、嚥下（えんげ＝飲み込むこと）機能訓練など
- 認知症ケア：事故防止など、認知症介護の相談、工夫をアドバイス

そのほかには、介護方法の指導、栄養相談や運動機能低下を防ぐアドバイス、家族への介護支援や相談などです。

昼間だけ営業している事業所もあれば、24時間体制で深夜の訪問サービスに対応しているところもあります。

なお、訪問看護は要介護の高齢者に限らず、医師の指示があれば年齢に関係なく利用できます。多くが地方自治体の外郭団体や、医療法人によって運営されています。

働いている人　看護師が中心の職場

看護師（☞186ページ）、保健師、理学療法士（☞140ページ）、作業療法士（☞143ページ）、言語聴覚士（☞152ページ）などがメンバーです。これらの専門職員をサポートする事務職の人もスタッフの一員です。事業所によっては、深夜の訪問サービスを行っているところもあるため、そうした事業所では夜勤があったり、自宅で待機をして、連絡が入ると利用者に電話で対応し、必要と判断した場合には訪問するという方法を採っているところもあります。

看護師は医師の指示のもとに、病状のチェック、身体の清拭、排泄の介助、体位変換、その他の必要な医療を行い、理学療法士や作業療法士は、残された機能を維持するためのリハビリが基本となります。

施設数　将来性　自宅で暮らしたいお年寄りの需要は拡大

2011年には訪問看護ステーションは全国に5212カ所あり、31.7万人が利用しています。事業所数は若干減少していますが、居宅介護が増えるとともに訪問看護の需要も多くなっており、利用者数は増加の傾向です。

訪問看護ステーションの事業所数と利用者数

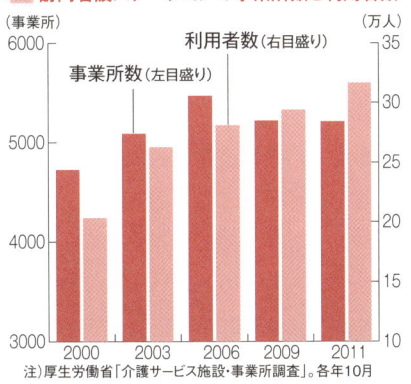

注）厚生労働省「介護サービス施設・事業所調査」。各年10月

訪問看護ステーション

地域包括支援センター（介護予防支援事業所）

こんな施設です	介護や支援を必要とするお年寄りの生活の安定に向けた相談・支援を、総合的に行う地域密着型の窓口です。

こんな人たちが働いています	職員	生活相談員、介護支援専門員、看護職員
	資格等	社会福祉主事、社会福祉士、介護支援専門員（ケアマネジャー）、看護師、保健師

職員・資格は事業所で必須の人員ではありません。事業所によって違いがあります。

施設の概要　地域で暮らすための支援を行う包括的なセンター

地域包括支援センターとは、介護保険法の改正にともなって、2006年4月から創設された新しい機関で、従来からあった介護支援センターが発展した形です。お年寄りができるかぎり慣れ親しんだ地域で生活ができるように、細かな支援をしていくために創設されました。

例えば、介護までは必要ではないが手助けを必要とする（要支援の）お年寄りや、現在は何とか自立した生活を送っているものの、近い将来、支援や介護が必要になりそうな高齢者を対象に、介護予防ケアプランを作成したりします。介護や医療、福祉などについて、地域の住民がまず相談するのがこのセンターなのです。

具体的には、高齢者を中心に心身の健康維持や生活の安定、保健・福祉・医療の向上、財産管理、虐待防止などさまざまな課題に対しての相談を受けたり、課題解決に向けた取り組みをします。基本的には市町村が実施主体ですが、社会福祉法人や医療法人などに運営が委託されているケースもあります。

業務の中心は、大きく次の4つに分類されます。

①総合的な相談窓口機能：社会福祉士が中心となって、地域の高齢者の実態把握や、虐待への対応など権利擁

護を含む相談を行う
②介護予防マネジメント：保健師を中心に、予防介護についての計画（介護予防ケアプラン）などを立てる
③ケアマネジャーの支援：主任ケアマネジャーを配置し、民間ケアマネへの指導・助言、ネットワークづくりなどを行う
④権利擁護：高齢者虐待への対応、悪質な訪問販売等による消費者被害の防止、成年後見制度の活用など

> **働いている人** 社会福祉士、ケアマネジャー、保健師が支援する

相談員（社会福祉士など〈☞126ページ〉）、保健師または看護師（☞186ページ）、ケアマネジャー（☞134ページ）などが中心となります。

まず総合的な相談窓口では、相談員が地域の高齢者の実態を把握し、相談内容によって解決策を探します。

介護予防に関する相談の場合には、保健師・看護師とケアマネジャーがお年寄りの健康状態を把握し、その人に合った介護予防サービス計画を作成します。またそのサービスの評価を行ったり、介護保険の給付管理の業務も行います。

このセンターは、どんなサービスがあるのかわからない、自分がどんなサービスを受けられるのかわからないといったお年寄りに、1カ所で相談からサービスの調整まで行えるように配慮されたセンターです。お年寄りのよろず相談所のようなものですから、職員にはさまざまな知識が求められます。法律的な知識はもちろん、地域にある介護施設や通所施設についての情報など、地域に根ざした活動を展開するので、地元の情報に敏感な人のほうが仕事がしやすいでしょう。

> **施設数・将来性** 全国に整備が進み、利用者数も増加

2006年の発足当初は、全国に3292施設でしたが、2011年時点では4305施設に増加しています。

地域包括支援センター

老人福祉センター

| こんな施設です | 主に地方自治体が設置する、お年寄りにとって身近なレジャー施設です。 |

| こんな人たちが働いています | 職員 | 事務員、生活相談員、機能訓練指導員 |
| | 資格等 | 社会福祉主事、社会福祉士、理学療法士、作業療法士 |

職員・資格は事業所で必須の人員ではありません。事業所によって違いがあります。

施設の概要　お年寄りのためのレジャー施設

老人福祉センターは、地域のお年寄りにとって一番身近な相談窓口であり、レジャー施設です。A型（標準機能）、特A型（保健関係機能強化型）、B型（小規模型）の3種類があり、主に市町村が設置主体（一部社会福祉法人）です。

規模や種類に関係なく、高齢者の健康増進、教養の向上を図り、イベントやレクリエーションプログラムを実践する場で、カラオケ、ビリヤード、囲碁・将棋などさまざまな遊具も整備され、無料か、または低料金で利用できるようになっています。入浴施設を完備しているところもあります。

働いている人　職員は基本的に公務員

自治体が設置するので、職員は基本的に地方公務員です。

機能回復訓練を行える施設の場合には、理学療法士（☞140ページ）、作業療法士（☞143ページ）などが職員として配置されています。

施設数 将来性　現状施設数で推移

2011年、全国に1933施設あります。2010年の1985施設からは微減ですが、今後も減る傾向にあります。また、高齢者の趣味やレジャーが多様化しており、それにマッチするようなプログラムが必要になってきています。

福祉用具貸与事業所

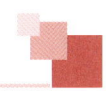

| こんな施設です | 日常生活・介護に必要な用具を貸し出す事業所です。 |

こんな人たちが働いています	職員	管理者、福祉用具専門相談員
	資格等	社会福祉士、介護福祉士、介護職員初任者研修修了者、看護師、理学療法士、作業療法士、義肢装具士

職員・資格は事業所で必須の人員ではありません。事業所によって違いがあります。

施設の概要　生活や介護に必要な用具の貸し出し

「要介護2以上」の高齢者で、家で介護を受けている人に、以下の12品目の用具を貸し出すレンタル業者です。営利法人（株式会社、有限会社など）や医療法人が経営しています。

2011年現在、7165事業所があります。

福祉用具貸与の対象となる福祉用具

①手摺（工事を伴わないものに限定）、②スロープ（工事を伴わないものに限定）、③歩行器、④歩行補助杖、⑤車いす、⑥車いす付属品、⑦特殊寝台、⑧特殊寝台付属品、⑨じょく瘡（床ずれ）防止用具、⑩体位変換器、⑪認知症老人徘徊感知器、⑫移動用リフト（吊り具部分は対象外）⑬自動排泄処理装置（要介護度4・5のみ）。

利用者はケアマネジャーに相談して用具を決め、相談員から使用方法を教わります。介護保険が適用されるので、利用者が実際に支払うのは1割です。

働いている人　福祉用具専門相談員が対処

管理者、福祉用具専門相談員が働いています。福祉用具専門相談員の仕事には、介護福祉士や社会福祉士、義肢装具士、保健師、看護師、理学療法士、作業療法士など、医療や介護にかかわる資格を持つ人が就くことができます。これらの資格を持たない人であっても40時間の指定講習を受講すれば就くことができます（☞198ページ）。

保育所

こんな施設です　両親が共働き、母子家庭や父子家庭、あるいは病気などの理由で、乳幼児を家庭で保育できない場合に、両親に代わって保育する通所の施設です。

こんな人たちが働いています
- **職員**　施設長、事務員、保育士、調理員など
- **資格等**　保育士、調理師など

職員・資格は事業所で必須の人員ではありません。事業所によって違いがあります。

施設の概要　認可保育所と認可外保育施設がある

　保育園と呼ばれることもありますが、正式な名称は保育所です。共働き家庭や母子家庭、父子家庭など、保育が思うようにならない家庭の、0歳から小学校に上がる前の子供たちを預かり、保育、教育する施設です。

　保育所では食事、睡眠、遊びなどを通して、乳幼児に大切な生活習慣を身につけさせます。そして集団生活のなかで、楽しみながら規則や協調性を学ばせていきます。

　保育所には私立以外に、国や市町村、社会福祉法人などが運営しているところがあります。

　保育所と似た施設として幼稚園がありますが、実際は多くの違いがあります。まず管轄官庁が違い、保育所が厚生労働省、幼稚園は文部科学省です。また保育所は児童福祉法、幼稚園は学校教育法を法令とし、働く人の資格もそれぞれ、保育士資格、幼稚園教諭免許で、利用料などにも違いがあります。これまで保育所は「保育」中心、幼稚園は「教育」中心とされてきましたが、最近では保育所も「教育」に力を入れ、逆に幼稚園は「保育」に力を入れており、両者の差がなくなってきています。

　保育所には認可保育所と認可外保育施設があります。認可保育所は施設の広さ、保育士の数、給食設備などが一定の基準をクリアしている保育所で、

認可外保育施設は認可を受けてはいないものの、子供を保育する施設の総称です。認可外保育施設の規模や設備、運営などの形態はさまざまで、自治体の支援を受けて運営されているところもあります。

認可保育所は世帯収入によって保育料が決められますが、認可外保育所では一律料金のところが多く、さらに、保育時間は認可保育所では11時間が基本ですが、認可外保育所では夜間保育を実施しているところもあります。

働いている人　なんといっても保育士が主役

保育所での主役は、なんといっても保育士（☞179ページ）です。2003年に名称独占資格（☞126ページ）に改められ、資格のない人が保育士を名乗って働くことができないようになりました。そのうえ、保育士として都道府県の保育士登録簿に登録をしなければ保育所で働くことができないようにもなりました。

子供たちの発達や体調、個性に合わせた保育プログラムを組み、月、週、日の単位で保育案をまとめ、それに伴って保育を進めていきます。単に乳幼児を預かるだけの仕事ではありませんので、心身の発達、保護、育成、教育を中心に、保育士としての専門知識を用いて保育していきます。

保育士の数は、乳幼児3人に対し保育士1人以上、1歳以上3歳未満児には6人に1人以上、3歳児以上には20人に1人以上、4歳児以上には30人に1人以上と決められています。

認可保育所では、施設の規模に合わせて1名から3名の調理員がおり（外部調理員でも可）、乳幼児の発育に必要なおいしい給食を提供します。

施設数　将来性　多様化と待機児童低減をめざして増加傾向

最近では保育所を取り巻く環境は多様化、複雑化しています。延長保育、夜間保育、休日保育、一時保育、病後児保育、障害児保育などが設けられ、保護者が求めるニーズに応えられる保育を展開しています。

また、保育所が中心になって、育児相談、子供たちの遊び場、お母さんたちの交流の場など、地域に密着した「地域子育て支援センター」としての広範囲な活動も期待されています。

女性が働く機会が増えるなかで待機児童問題が社会的な問題となり、また育児全般にわたるサポートを求める人も増え、保育所は施設数・利用者数ともに増加しています。

乳児院

| こんな施設です | さまざまな理由によって家庭で養育できなくなった、新生児から幼児期までの乳児を養育する施設です。 |

| こんな人たちが働いています | 職員 | 施設長、事務員、児童指導員、保育士、看護職員、保健師、医師、栄養士、調理員など |
| | 資格等 | 児童指導員、保育士、看護師、保健師、医師、栄養士・管理栄養士、調理師など |

職員・資格は事業所で必須の人員ではありません。事業所によって違いがあります。

施設の概要

24時間体制で運営される

乳児院で預かるのは、捨て子、保護者などに虐待された子、親の死亡や病気、出産、離婚、家出そして経済的理由など、さまざまな事情で家庭での養育を受けられない乳児です。

児童福祉法に基づいて設置された施設で、親に代わって、基本的に生後間もない新生児から1歳未満の乳児を預かりますが、状況によって小学校就学前の幼児までを養育し、その生活の場となります。預かる期間は、短期（1カ月未満）から長期（1カ月以上）にわたり、昼夜を問わず24時間体制で運営されています。

運営には国や地方自治体の補助があり、費用は低額か、あるいは無料となっています。都道府県知事による委任を受けた児童相談所が入所の窓口となっており、その判断によって入所することができます。

乳児院は乳児を24時間通して預かるので、健康管理や発育状況には特に注意が払われています。施設には寝室、観察室、病室、ほふく室、日光浴室、調理室、トイレなどを設けることが定められており、乳幼児の健やかな成長を家庭に代わって支えています。

ほとんどの子供が、3歳になるまでに家庭に引き取られますが、以後も養護を必要とする子供は、児童養護施設（☞86ページ）で引き続き養育されて

いきます。

働いている人　看護師、保育士が中心となる

　乳幼児の世話をするスタッフは保育士、看護師、児童指導員、嘱託医などです。その他に施設長、栄養士、調理員、事務員などがいます。また定員50人以上の施設では薬剤師、放射線技師などが働いている場合もあります。乳幼児は体の抵抗力も弱いので、医学的管理を中心としたスタッフ構成となっています。医師、看護師が配置され、健康管理や事故の防止に気をつけたり、病気にもすぐに対処できるようになっているのです。

　これまで乳児院で働くスタッフは、看護師（☞186ページ）が中心でしたが、看護師のニーズが高まりスタッフを確保するのがむずかしくなったため、現在では多くの保育士（☞179ページ）が乳児院で働いています。

　そして、精神発達の観察、指導、食事、入浴、おむつ交換、日光浴、健康診断などの仕事を行っています。それぞれが担当する乳幼児が決まっており、勤務は24時間体制で、1日の労働時間は約8時間。交代制で勤務します。

　ここで働く栄養士（☞176ページ）と調理師（☞184ページ）は、乳幼児に合わせた食事づくりが必要となります。新生児にはミルク、幼児には離乳食を中心に、発育に欠かせない栄養を摂取できるよう食事管理をします。

　乳幼児は「食べること」から多くを学ぶ時期であり、それに伴う食事管理は大変重要な仕事です。栄養士、調理員などの食事スタッフは一丸となって乳幼児に必要なケアを施します。

　そのほかに、一般のボランティアも活躍しており、遊び相手や掃除などで乳児院を支えています。

施設数将来性　新しい支援サービスへの取り組みも求められる

　近年、乳児院の新規開設は増加しています。複雑化している子育ての現状が乳児院を必要としているのかもしれません。

　さらに福祉制度改革の一環として、家庭の仕事と育児の両立を支援するための一時預かり事業や、地域の育児相談の拠点といった、子育て家庭への支援事業など、新しい試みもなされています。子供を育てる環境が変わってきたため、専門識による質の高い公的サービスが求められているのです。新しい時代に合った育児サービスの提供が望まれています。

児童館

| こんな施設です | 0歳～18歳の子供たちに、遊びを通して健全な育成を指導する施設です。 |

こんな人たちが働いています	職員	施設長、事務員、児童指導員など
	資格等	児童の遊びを指導する者（児童厚生員）、放課後児童指導員など

職員・資格は事業所で必須の人員ではありません。事業所によって違いがあります。

施設の概要　遊びを通して子供の成長を助ける

　0歳～18歳までの子供たちが集い、自由に遊び、利用することができる施設です。異なる年齢、学校の子供たちが集まるため、学校内とは違う社会性を身につけることができます。

　児童館の特徴は、子供たちが「自由に遊ぶ」ことができるという点にあります。子供にとって「遊び」は成長・発達に欠かせない活動であり、遊びを通して人間関係や自主性を学んだり、創造性などを育んでいきます。児童館のなかで自由に遊ぶことで、こうした子供の成長を助け、さらに日常生活における問題点を早期に発見して課題解決に結びつけたり、問題発生の予防につないだりします。

　また、児童館は子育て中のお母さんのための施設でもあります。お母さんたちの情報交換や子育てに関する相談・支援を行ったり、さらに子供と地域をつなぐ活動や子供を中心とした地域づくりとしての役割も担っています。

　児童館は、右ページの表のように、①小型児童館、②児童センター、③大型児童の3つのタイプに分けられています。さらに、②児童センターには児童センターと大型児童センターがあり、③大型児童館もA型、B型、C型に分けられています。それぞれ必要な職員数、設備などが定められています。

働いている人　児童厚生員が中心となる

児童館で働く主役は、児童厚生員（児童の遊びを指導する者〈☞193ページ〉）です。児童館にはそれぞれ2名以上の児童厚生員がいなければなりません。

具体的には、健康・体力増進、子育て支援（放課後児童クラブ）、自然体験（キャンプ、農業体験など）、創作活動（クラフトなど）、文化活動（演劇、演劇鑑賞など）、相談・情報提供、その他（IT活用、伝承の遊びの伝授など）の事業をしています。

特に放課後児童クラブは、働いていて昼間家庭に保護者がいない、おおむね10歳未満の児童を対象にした活動で、子供たちは学校の授業が終了した後（放課後）に、児童館で遊びながらさまざまなことを学んでいく、児童館での中心的活動です。

ですから、児童館で働く人には、こうした子供たちに、楽しみながら社会性を身につけさせるために、さまざまな遊びを工夫する創意や、問題行動や課題を早期に発見する目が大切になります。

施設数 将来性　地域子育ての中心的施設として

児童館は、2011年現在、小型児童館2568、児童センター1625、大型児童館A型18、B型4、C型1、その他102の合計4318施設あります。この数は数年ほぼ変動がなく、今後急増するようなことはないでしょうが、地域子育ての中心的施設としての役割が定着し、減少することもないと思われます。

■児童館の種類と概要

区分	小型児童館	児童センター		大型児童館		
		児童センター	大型児童センター	A型児童館	B型児童館	C型児童館（こどもの城）
職員	児童厚生員2名以上	児童厚生員2名以上 体力増進指導者	児童厚生員2名以上 体力増進指導者 年長児童指導者	児童厚生員2名以上		
面積	217.6㎡以上	336.6㎡以上	500㎡以上	2,000㎡以上	1,500㎡以上	
設備	集会室、遊戯室、図書室、事務執行に必要な設備。必要に応じ、相談室、創作活動室、および静養室等。	＋年長児童用設備（例えばスタジオ、トレーニング室、小ホール等）	＋研修室、展示室、多目的ホール、ギャラリー等	＋児童館設備、宿泊室、食堂、浴室、キャンプ設備必要に応じ、移動児童館車両	劇場、ギャラリー、屋内プール、コンピュータプレイルーム、歴史・科学資料展示室、宿泊研修室、児童遊園等

児童館

児童福祉法による
児童養護施設

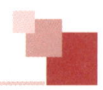

こんな施設です　父母と死別したり、父母が扶養の義務を放棄し遺棄された子供、家庭環境が劣悪、虐待を受けているなど、通常の家庭生活が困難と判断された子供を養育する施設です。

こんな人たちが働いています

職員	施設長、事務員、保育士、児童指導員、心理職員、職業指導員、医師、栄養士、調理員など
資格等	社会福祉士、社会福祉主事、保育士、児童指導員、臨床心理士、医師、栄養士・管理栄養士、調理師など

職員・資格は事業所で必須の人員ではありません。事業所によって違いがあります。

施設の概要　2歳から18歳の生活環境に問題がある子供が入所

　災害や事故、病気で親を失ったり、親からの虐待を受けているなど、生活環境に問題のある2歳から18歳くらいまでの子供を預かり、親に代わって養育する施設、それが児童養護施設です。さまざまな事情から健全な生活の場を失った子供の「温かい家庭」として、自立までの支援をしていきます。

　施設には「児童相談所」という各都道府県にある行政機関を通して、必要性が認められた子供だけが入所できます。施設の規模はさまざまで、入所者数が30人くらいのところもあれば150人ほどのところもあります。

　最近の傾向として、親の虐待や放任などの理由による入所が増えており、年齢層も小学校高学年から中学生以上が増加しています。両親や保護者がいるにもかかわらず、虐待や放任された子供たちは心に傷を負っていることが多く、年齢層の上昇と共に幅広いケアが必要とされてきています。

　入所している子供たちにとって児童養護施設は「家」であるため、できるだけ家庭環境に近い状態で生活できるように配慮されています。朝起きて朝食を食べ、学校に行き、施設帰宅後は勉強、遊び、そして夕食を食べて就寝、といった具合に、普通の家庭で行われる生活と同じサイクルです。

　集団生活をしているので、なんらか

の制約や規則があるのは仕方ありませんが、できるかぎり、余暇や趣味を楽しんでもらい、年中行事や地域活動への参加なども行って、その子一人ひとりの個性に合わせた養育を心がけます。そして施設を巣立つ時まで、子供の希望を尊重し、将来の夢につながる援助をするのがこの施設の役割です。

働いている人　児童指導員と保育士が直接子供のケアにあたる

児童養護施設には、運営管理の責任者である施設長をはじめ、児童指導員、医師、保育士、栄養士、調理員の配置が法令によって義務づけられています。そのほかにも、事務員や看護師、用務員が必要に応じて配置されています。最近では子供の心のケアをする心理担当職員や、将来に向けた指導を行う職業指導員を置く施設もあり、心理担当職員は臨床心理士（☞149ページ）がその任に当たっています。

児童指導員（☞182ページ）と保育士（☞179ページ）が子供の生活指導を行っています。「直接処遇職員」と呼ばれることもあり、入所している子供の実質的な親代わりとなる存在です。親代わりのほかにも、関係機関との連絡業務や研修、雑務といった仕事もこなします。

児童指導員は男性が7割を占めており、入所する子供に対して父親の役割を受け持つことが多いようです。児童指導員は、生活指導に始まり、指導計画の作成、内外への連絡業務などが主な仕事です。

逆に保育士は女性が主体になっています。児童養護施設の主力として、食事、洗濯、掃除といった日常生活の仕事から、勉強の指導や遊びの相手といった、入所する子供に最も必要な部分を受け持つ母親の役割を担います。

子供との信頼関係を築くことが重要な児童指導員と保育士ですが、本当の親になり代わることはむずかしいのが現実のようです。

勤務は早番、日勤、夜勤と日によって異なります。ですから、一般企業のように土曜日や日曜祭日が休みというわけにはいきません。

一人で何人もの子供を担当するので、個々の子供に集中して対応するこ

児童養護施設

とは困難です。しかし、チームワークを駆使して、入所した子供の健全な成長を支えていく、やり甲斐のある仕事であることは確かです。

心理担当職員は施設によっては配置されていませんが、虐待などによって心にダメージを受けた子供が増えているため、国を挙げて児童福祉施設全般に常勤化させようという動きがあります。今後は、常勤の専門職員となる可能性が高いとされている職務です。心理担当職員は、児童指導員や保育士からの相談にのり、子供への個別心理療法、心理検査などを行います。

栄養士（☞176ページ）は40人以下の施設では配置義務はありませんが、子供の健康維持には、栄養のバランスを考えた献立をつくる栄養士の存在は欠かせないものとなっています。そして、その献立を美味しくつくってくれる調理員は、普通の家庭で味わえる温もりある食事を、入所する子供に提供する重要な役割を担っているのです。

施設数 将来性　少人数制で目の行き届く施設が増加

最近では、少人数でより家庭的な施設が増えてきています。一人ひとりに目を配り、その子供の個性を尊重するような施設が望まれているからです。

また、女性が働きやすい環境づくりや少子化問題に対応するため、地域の子育て専門機関の中心的施設として、児童養護施設は注目されています。社会問題となっている児童虐待の阻止をはじめ、親が病気などの理由によって一時的に子供を預かる子育て支援短期利用事業や、ひきこもり・不登校児童への援助、子育てに関する不安や疑問を抱える家族への相談・援助などを行う児童家庭支援センターの設置など、育児全般を支援するトータルサービス機関になろうとしています。

施設に入所してきた子供のケアを第一に、社会からの多様なニーズに応える将来性の高い存在であるといえます。

■児童養護施設の施設数と在所者数

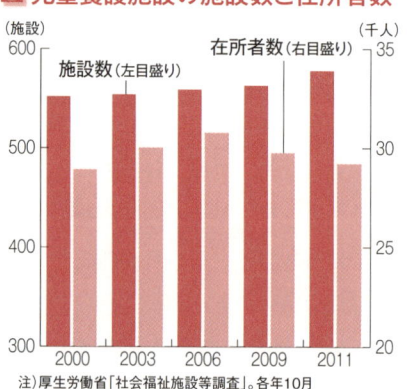

（施設数（左目盛り）、在所者数（右目盛り）、2000/2003/2006/2009/2011年）

注）厚生労働省「社会福祉施設等調査」。各年10月

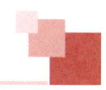

児童福祉法による
児童自立支援施設

こんな施設です　不良行為をした児童や不良行為をするおそれのある児童、家庭環境の状況から生活指導を必要とする児童を預かり、指導、教育をする施設です。

こんな人たちが働いています
- **職員**：施設長、事務員、児童自立支援専門員、児童生活支援員、医師、栄養士、調理員など
- **資格等**：社会福祉士、社会福祉主事、保育士、医師、栄養士・管理栄養士、調理師など

※職員・資格は事業所で必須の人員ではありません。事業所によって違いがあります。

施設の概要　生活指導が必要な児童を入所や通所で預かる

不良行為をしたり、またはしそうな児童、家庭環境の状態から生活指導の必要性があると判断された子供が入所したり、保護者の元から通ったりする施設です。

不良行為というのは、窃盗、傷害、浮浪、空き巣、すり、詐欺、放火などのことです。

児童自立支援施設は、懲罰的な施設ではありません。「保護者からの相談や学校・警察からの通告、家庭裁判所からの送致を受けた児童につき、児童自立支援施設に入所させて指導を図ることが必要と認めた場合」、「少年法に基づく家庭裁判所の保護処分の決定に従って入所措置を採る場合」の理由から、児童相談所や家庭裁判所によって入所が決定されます。

より矯正指導を必要とする子供は少年院に入所させられますが、家庭的な温かさのなかで成長させることが必要と判断された子供は、児童自立支援施設に入所します。

施設では日課が定められ、職員が作成したプログラムに沿って学習していきます。起床にはじまり、朝食、登校、学習、部活動、夕食、自由時間、就寝といった日常のサイクルを通して規則正しい生活を身につけていくのです。子供たちの不良性を取り去り、生活指導、学習指導および職業指導などを

行っていきます。温かい支援の手を差し伸べて社会復帰へと導くことを目的としているのです。

働いている人 児童自立支援専門員、児童生活支援員が主役

児童自立支援施設は、家庭的な雰囲気での養育に重点を置いています。そのなかで入所している子供たちの親代わりとなるのが、児童自立支援専門員と児童生活支援員です。

児童自立支援専門員は教護を行う職員です。教護とは、問題を抱える子供を保護して教育することです。養成学校などで専門課程を修了するか、大学で心理学等を学び、その後1年以上児童自立支援事業を経験すると資格が得られます。

児童生活支援員は保護を行う職員で、保育士（☞179ページ）の資格を持つ人がなっています。

いわば、自立支援専門員は施設のお父さん、生活支援員はお母さんといったところです。

施設に入所してくる子供は、なんらかの傷を心に負っています。それが不良行為という形で噴出したケースが多く見られ、指導には細心の注意と知識が必要とされます。生活を共にし、子供の不良性を取り除きながらの指導は根気のいる仕事です。

子供の義務教育は一般の学校に登校せず、施設内で行われます。ですので教員や非常勤講師なども働いています。自立していく際に必要な学習だけでなく、将来性を考えた質の高い教育内容を提供していきます。

施設数 将来性 役割が変化しつつある児童自立支援施設

児童自立支援施設は、児童福祉法に基づいて国、都道府県、政令指定都市での設置が決められており、国立、私立、県立そして市立を合わせて、現在全国に58カ所あります。

児童虐待や育児放棄等の問題が増加する現在、児童自立支援施設の役割も変化してきているようです。近年の法律改正により、「家庭環境その他環境上の理由により生活指導を必要とする児童」も入所対象になりました。虐待や発達障害を持った子供の割合が増えているからです。

少年犯罪も低年齢化しており、14歳未満の不良行為をした子供も少年院に送致するといった少年法改正への動きもあります。根本的な見直しを含めた、児童自立支援施設機能の充実・強化が検討されています。

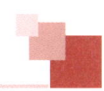

児童福祉法による
肢体不自由児施設

こんな施設です　上肢（手や腕）、下肢（あし）、背骨などに持続的な機能障害を持った児童を入所させ、長期入院治療、機能訓練や生活指導を行う施設です。

こんな人たちが働いています

職員　施設長、事務員、保育士、児童指導員、職業指導員、機能訓練員、看護職員、医師、栄養士、調理員など

資格等　保育士、理学療法士、作業療法士、言語聴覚士、児童指導員、看護師、医師、栄養士・管理栄養士、調理師など

職員・資格は事業所で必須の人員ではありません。事業所によって違いがあります。

施設の概要　身体に障害のある子に自活できる力を養う

　肢体不自由児施設は、手足や身体に障害を持っている子供に長期治療をしながら、社会への適応と自活できる力を養わせるための施設です。機能訓練や教育、生活指導を行いながら、障害を持つ子供に的確な治療を施す病院でもあります。現在、ほぼ各都道府県に設置されていますが、施設の規模は多種多様なようです。

　肢体不自由児施設の普及は、世界各国で日本が一番充実しており、障害を持った子供への総合的な福祉施設として、世界的にも評価されている施設です。入所している児童は０歳から18歳くらいまでですが、20歳以上まで延長される場合もあります。

　医療部門には整形外科、小児科などがあり、整形外科では診察や治療の他に手術療法、リハビリのプログラム作成、装具の作成などをします。小児科では乳児の発達障害の早期診断、早期治療をめざしています。これらと連携して、障害を持っている子供の社会生活への適応を高めるのがリハビリテーション科です。理学療法士（☞140ページ）、作業療法士（☞143ページ）、言語聴覚士（☞152ページ）がその専門的知識を持って対処します。

　教育に関しても一人ひとりに合わせた内容に従って指導していきます。社会生活への適応力を養うための指導・

支援も行われ、集団生活を通して学んでいくのです。この施設には、自宅から通ってくる子供もいます。障害を持っている子供やその家族にとって、不安と負担を軽減する役割を担っています。このようにこの施設は、医療と療育（☞93ページ）を機能的に総合させているのです。

働いている人　医療、リハビリ、保育などさまざまな人が働く

子供の保健医療を受け持つのは医師、看護師（☞186ページ）です。外科的手術から診察、リハビリのプログラム作成まで、施設の中核となります。高度な医療を必要とする子供もいるので、高い専門性が必要です。

また、肢体不自由児施設は、社会への適応と自活できる力を養うことを掲げており、リハビリテーションは非常に重要です。理学療法士、作業療法士、言語聴覚士は医師と連携して、子供に合わせた訓練を行います。理学療法士は運動発達を中心に子供の持つ能力を引き出します。作業療法士は生活していくうえで必要な技能習得の援助・指導が仕事です。言語療法士は、言葉の発達が遅い子供のコミュニケーション力を育てていきます。

病棟保育、母子保育などで活躍するのが保育士（☞179ページ）です。入所している子供を保育し、そして保護者には子供との遊び方をレクチャーしたりします。

この施設の栄養士（☞176ページ）と調理師（☞184ページ）は、障害を持った子供に合った食事を提供しなくてはなりません。だからといって単調ではなく、創意工夫を重ねて、おいしく楽しい食事をつくることが大切です。

施設数 将来性　障害のある子供の受け皿として

全国に59ある肢体不自由児施設は歴史ある施設です。この施設で培われたノウハウは福祉施設全般に影響を与えてきました。リハビリテーションという言葉を日本に定着させた歴史ある施設でもありますが、2006年10月から全面施行になった「障害者自立支援法」によって、肢体不自由児施設も新サービス体系への移行が始まり、新たな局面を迎えることになりました。

子供の障害は重度重複化、多様化してきています。また障害を持つがゆえに親からの虐待を受けたケースや、経済的に障害を持った子供を育てることができない家庭などへの柔軟な対応が必要であり、これからも障害を持った子供の大切な受け皿となるでしょう。

児童福祉法による
重症心身障害児施設

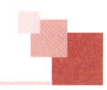

こんな施設です	肢体不自由と知的障害の両方を持ち、自立がむずかしく、日常生活全域にわたって介護を必要とする子供の健康管理、日常支援および生活指導などを行う施設です。

こんな人たちが働いています	職員	施設長、事務員、児童指導員、職業指導員、保育士、心理職員、看護職員、機能訓練員、医師、栄養士、調理員など
	資格等	保育士、臨床心理士、看護師、理学療法士、作業療法士、言語聴覚士、医師、栄養士・管理栄養士、調理師など

職員・資格は事業所で必須の人員ではありません。事業所によって違いがあります。

施設の概要　病院であり、生活の指導も行う施設

　身体と知能の両方に重度の障害を持つ子供を療育するのが、重症心身障害児施設です。療育とは看護、治療、予防などの「医療的ケア」と、育成、指導、訓練などの「教育的ケア」を意味しています。

　重度心身障害児は、肢体の不自由、知的障害、言語障害など、さまざまな障害を重複して持っている子供で、手足の機能、言語、食事、排泄など日常生活で必要なことの大部分を一人で行うことができません。そのうえ、生命の危険が大きく医療管理を必要としている場合がほとんどです。こうした子供は18歳を超えても特別に援助が継続され、重症心身障害児施設で生活していきます。

　重症心身障害児施設の運営は公立、法人立、国立、独立行政法人国立病院機構などが行っており、生活費は公費、医療費は社会保険等によってまかなわれています。児童福祉法に基づいた福祉施設であると同時に、医療法で規定されている病院でもあるのです。ですから、医療・看護、介護、学校教育、リハビリテーションといった各種機能が統合され、連携して療育を行っていきます。

　呼吸機能や嚥下機能、消化器、てんかん発作など医学的管理が絶えず必要とされる子供や、年齢を重ね、身体疾

患の重度化した人や行動障害を持つ人への医学的援助と人間らしい生活を営むために必要なあらゆる支援に取り組んでいる施設です。

働いている人　医師、看護師、療法士が力を合わせる

医師、看護師（☞186ページ）は、生命の保全、感染症などの疾病の予防、健康管理を行います。入所する子供の定期的検査、毎日の診察など、きめ細かな観察によって異常の発見に努めます。健康上の異常が発生したときは、医師、看護師が医療行為を施します。

理学療法士（☞140ページ）、作業療法士（☞143ページ）、言語聴覚士（☞152ページ）は食事、排泄、移動、言葉の理解などの日常生活動作の指導を受け持ちます。子供の能力に合わせて、リハビリをしていく仕事です。

日常生活全般を支えているのが保育士（☞179ページ）や児童指導員（☞182ページ）などです。子供が持つ興味や能力を見出して支援することを主として、施設内の環境整備と改善などをしていきます。

また季節行事などのレクリエーションを計画・実行し、単調になりがちな施設での生活に変化をつけています。

施設数・将来性　一時保護などのニーズにも対応していく

重症心身障害児にとって、この施設は長い年月を過ごす場所として必要不可欠な存在です。また施設では、重症心身障害児緊急一時保護事業や、通所外来治療、在宅訪問指導事業など、子供や保護者のニーズに合わせた利用ができるような事業も展開しています。

重症心身障害の子供は増加傾向にあるといわれています。以前なら、出産時に死亡していたような状態の赤ちゃんが、医学の進歩で助けられるようになったためです。その点を考えても、重い障害を持った子供と保護者の心身を支えるために、重症心身障害児施設は、新たなサービス体系を取り入れながら、今後も整備・拡充されていくでしょう。

重症心身障害児施設の施設数と在所者数

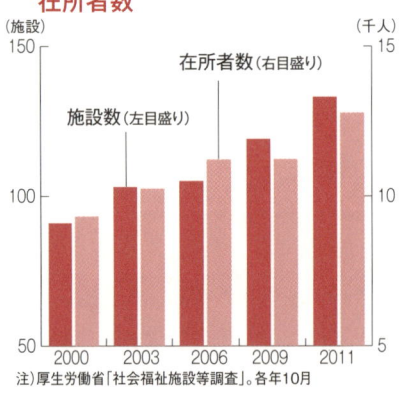

注）厚生労働省「社会福祉施設等調査」。各年10月

児童福祉法による
その他の障害児施設

各施設の概要等 知的障害児施設

　知的障害を持った子供のための総合支援施設です。家庭や地域での自立生活が困難な場合、その子供を預かり、それぞれの障害に応じて生活支援や治療などをしていきます。また独立自活に必要な知識、技能を学ばせます。

　施設では基本的な生活習慣や集団生活への適応力を育成し、養護学校や一般の学校内に設けられた特殊学級などで義務教育を受けさせます。健全な心身の育成のために、運動会、遠足、レクリエーションなどが開催され、楽しく生活できるように配慮されています。

　施設で中心となるのは児童指導員（☞182ページ）と保育士（☞179ページ）です。彼らは、子供の生活リズム、少人数単位、個別化、担任制といった環境を整備して療育（☞93ページ参照）していく役割です。つまり、児童指導員や保育士は、施設内でのお父さんとお母さんとして、子供の成長を見守っていくのです。障害によっては、薬物療法などを含めた医療対応も求められるので、嘱託医や看護師も勤務しています。ここで働くスタッフにとっては、福祉と医療を上手に調整することが求められます。

　さらに、在宅の知的障害児を対象とした母子短期入所などのショートステイ事業、保護者家族の相談にのる事業なども積極的に行っています。

各施設の概要等 知的障害児通園施設

　家庭から通園できる知的障害のある子供に対し、地域社会へ対応できるように生活、学習、運動などの指導を行う施設です。最近では障害児教育の進展から、学齢期の子供は養護学校や特殊学級に通学するため、就学前の幼児が主体となっています。

　スタッフには施設長（園長）をはじめ、保育士、児童指導員、看護師（☞186ページ）、調理師（☞184ページ）などがおり、その他に作業療法士（☞143ページ）や言語聴覚士（☞152ペー

ジ)、医師などが嘱託として勤務している場合もあります。遊びや行事を通して、生活習慣や集団生活の基礎を身につけていきます。

また子供の発達を心配する親のための外来相談といった事業も行っており、利用希望に応じたサービスを展開しています。

各施設の概要等　自閉症児施設

自閉症児施設は、自閉症の子供を預かって保護するとともに、必要な治療・訓練などを行う知的障害児施設の一種です。病院で治療する必要がある子供を入所させる医療型の「第一種自閉症児施設」、病院に入院する必要のない子供を入所させる福祉型の「第二種自閉症児施設」があります。

この施設には18歳未満の自閉症の子供が入所し、医療的ケアや独立自活に必要な知識や技能を習得する指導などを受けていきます。

ここでは医師、看護師、保育士、児童指導員といった専門スタッフが働いており、家族支援、関係機関との連携、地域社会への啓蒙活動・理解の促進などを重点に、自閉症児の支援をしていきます。さらに自立して地域生活ができるように、就労の場を開拓すること

も大切な仕事です。自閉症児はコミュニケーションや人間関係を築くのが苦手です。

しかし、社会の理解さえあれば、十分に自立していけるのです。こうした問題を抱える自閉症児を受け入れる優しい地域づくりは、ひいては社会全体にとって良い結果をもたらすに違いありません。施設と地域が一丸となって、弱いものを受け入れる社会づくりをしていく必要があります。

各施設の概要等　盲児施設・ろうあ児施設

目が全く見えない、見えていても日常生活が困難である子供を入所させて保護し、自立生活に必要な指導または援助をするのが、盲児施設です。知的障害や肢体不自由を合わせ持った子供が入所している場合もあります。

保護、生活指導、機能訓練（歩行や感覚訓練など）を中心として、親元を離れて生活する子供が日常生活をより楽しく過ごせるように、催し事やクラブ活動なども行います。

施設では保育士、児童相談員、職業指導員などが支援に当たっています。勤めるには点字などの専門知識の習得が必要とされます。

入所する子供たちは、一般義務教育

および職業教育のために盲学校や地域の小・中・高等学校などに通学します。他の障害者施設を併設している場合もあり、地域における福祉拠点をめざしている施設もあります。

その他にも、盲児に対応したショートスティ事業を展開している施設もあります。

耳の聞こえない子供や強度の難聴の子供を入所させて、社会生活に適応させ独立自活の生活を営むために必要な指導を行うのが、ろうあ児施設です。施設長、児童指導員、栄養士（☞176ページ）、調理員、看護師、事務員などが勤務しています。

これまで口話（唇の形で言葉を理解する方法）教育が主でしたが、限界があるとの声から、手話教育への期待が高まってきています。子供の生活全般にかかわる児童指導員は、手話を身につけておくことが望まれますが、それだけではなく、あらゆるコミュニケーション術が必要とされています。

施設での生活は、可能なかぎり家庭環境に近い状態にして、子供の負担を軽減しながら自立に必要な指導を行っていきます。また、一般の義務教育といった学科指導・職業指導はろう学校に通学して受けることになっています。現在、重複して障害を持つ子供の入所が増えており、新しい施設のあり方が問われています。

知的障害児施設、知的障害児通園施設の施設数と在所者数

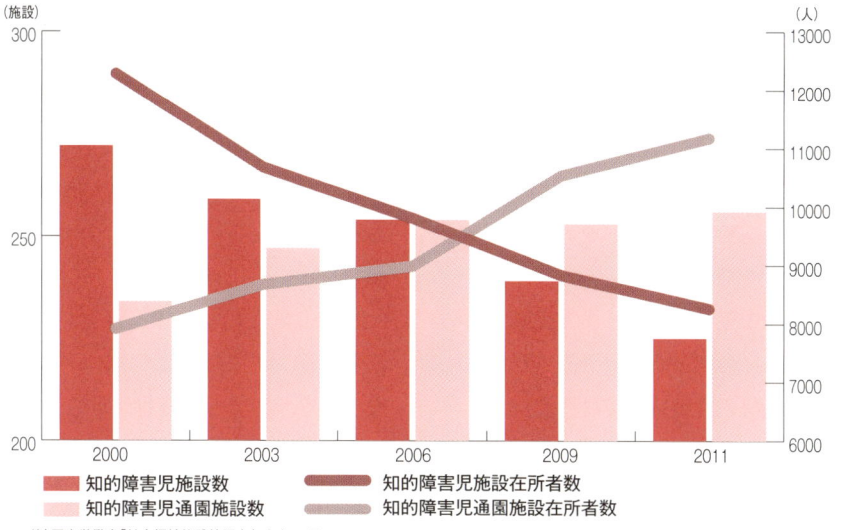

注）厚生労働省「社会福祉施設等調査」。各年10月

母子生活支援施設

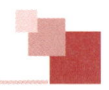

こんな施設です	配偶者のいない女性、または同じような事情にある女性とその子供を入所させて、保護するとともに、自立の促進のためにその生活を支援することを目的とする施設です。

こんな人たちが働いています	職員	施設長、事務員、母子指導員、児童指導員（少年指導員）、医師、調理員など
	資格等	社会福祉主事、社会福祉士、保育士、医師、調理師など

職員・資格は事業所で必須の人員ではありません。事業所によって違いがあります。

施設の概要　母子が自立の準備を進めるための施設

　生活上のさまざまな問題から子供を育てられない母子家庭の経済的・精神的自立と、子供の健やかな成長を支えていくのが母子生活支援施設の役割です。母親には相談援助・生活指導・緊急保護を、子供には保育、学習指導、クラブ活動や行事などを通して、母子の健全な育成をめざしていきます。

　施設の運営は公営、公設民営、民営があり、各都道府県に設置されています。入所には地域の福祉事務所が窓口となり、費用は所得によって決定されます。施設には相談室、医務室、保育室、学習室などがありますが、そのなかで生活のベースとなるのが母子室です。母親と子供だけの居室になっており、家事や育児などができるように整備されています。落ち着いた環境のなかで、母子ともに自立の準備を進められるように配慮がなされているのです。

　仕事を持つ母親はこの母子室から出かけ、子供は学校や保育所に通います。また保育サービスも行っているため、お母さんは安心して仕事に向かうことができます。

　また、施設には仕事、育児、健康、家族関係、将来のことなど、いろいろなことを相談できる職員が常駐し、あらゆる面で母子を支えてくれます。そして退所後の生活を築いていくための自立支援計画を一緒になって考えてい

きます。また退所後もあらゆる面でサポートしてくれる、頼もしい施設です。

働いている人　母子指導員、少年指導員が相談業務に当たる

施設長をはじめ、母子指導員、少年指導員、医師などが働いており、そのなかでも母子指導員と少年指導員は生活全般を支える役目となります。

母子指導員は児童養育支援、自立支援、生活支援を業務とし、少年指導員は主として少年の学習支援と生活支援を担当します。

施設内に留まらず、地域に暮らす母子家庭などの乳幼児を一時的に預かる保育事業を行っている施設には、保育士も勤務しています。一つの施設に勤務する職員数は10人未満であることが多く、職員同士の協力と理解が必要とされる職場です。

施設数 将来性　母子家庭の増加で必要性は高い施設

近年、母子家庭の数は増加し続けています。未婚母子、離婚、夫の行方不明、サラ金、暴力による家庭崩壊が増加し、ひどい生活環境のなかで情緒不安定に陥る母子も多く、精神的・心理的な側面からの援助が必要になっています。なかでも「配偶者による暴力」つまりDV（ドメスティック・バイオレンス）による入所が増えています。

また、母子家庭の母親はパート・アルバイトで働く人が多く、正社員でも余裕ができるほどの収入を得ているわけではないようです。このような格差社会による母子家庭への圧迫が、母子生活支援施設への入所者が減らない要因かもしれません。

こうした傾向に対して、施設でも新たな対応が迫られています。DV被害にあった母子へのケアや、多様化する保育サービスへの対応、各種相談サービス、地域交流事業など、母子生活支援施設の役割は多岐にわたっています。施設数や利用者数自体は、横ばいあるいは減少の傾向にありますが、求められているニーズからも、今後も必要とされる施設です。

■母子生活支援施設の施設数と在所者数

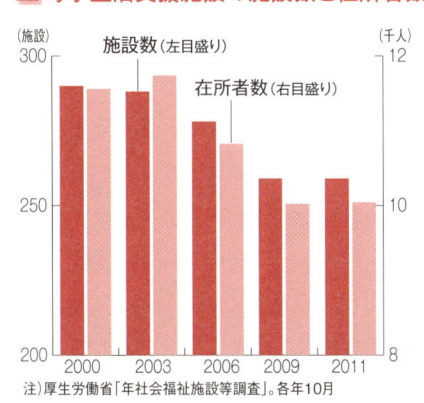

注）厚生労働省「年社会福祉施設等調査」。各年10月

婦人保護施設

こんな施設です	保護を要する女性が入所し、生活指導や職業訓練の自立支援を受けることができる施設です。

こんな人たちが働いています	職員	施設長、生活指導員、職業指導員、事務員、心理職員、栄養士、調理員など
	資格等	社会福祉士、社会福祉主事、看護師、臨床心理士、栄養士、調理師など

職員・資格は事業所で必須の人員ではありません。事業所によって違いがあります。

施設の概要

DVから逃れる女性の受け皿として

婦人保護施設は、1956年に売春防止法の下に誕生しました。もともとは売春を行うおそれのある女子を収容保護する施設でしたが、今では家庭環境の破綻や生活の困窮といった、社会生活を営むうえで困難な問題を抱えている女性も保護の対象としています。特に2001年に成立した配偶者暴力防止法によって、婦人保護施設が「配偶者による暴力」（DV＝ドメスティック・バイオレンス）の被害者を保護できるようになり、激増しているDVから逃れる女性たちの受け皿になっています。

都道府県や社会福祉法人などが設置主体であり、全国にある婦人相談所（女性相談センター）を通じて保護が行われています。

施設では自立更生と教育指導など、定められた規則のもとで社会で自立した生活を送るための支援を受けます。

■ 婦人保護施設の施設数と在所者数

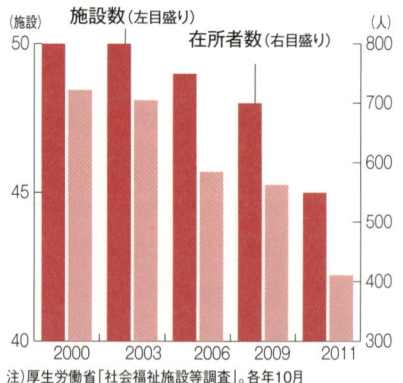

注）厚生労働省「社会福祉施設等調査」各年10月

居室、相談室、静養室、医務室、作業室、食堂などが設けられ、精神的に追いつめられた女性たちの心が解放されるように配慮されています。また、DVを受けた入所女性の安全確保のために、夜間警備体制の強化にも力を入れている施設が増えています。

働いている人　生活指導員と職業指導員が中心

施設長、生活指導員、職業指導員、事務員、栄養士（☞176ページ）、調理員などが基幹となって働いています。

女性が社会復帰できるまで、生活指導員と職業指導員が見守りながら指導していきます。最近では心理療法担当職員を配置して、DVなどで心身ともに大きなダメージを負った女性に対して、適切なケアを行うことのできる体制を充実させている施設もあります。

また、電話や来所による各種相談事業も職員の仕事です。夫からの暴力、離婚問題、生活問題、家庭問題など女性が抱える問題の相談に応じていきます。そしてその問題に伴って警察や関係機関との連携も行っていきます。就業や住宅確保の情報提供などをサポートしていく自立支援も業務の一環となっています。

施設数 将来性　施設の新たなあり方を模索

DVを受けての入所者が急増するなかで、施設の整備拡充が再検討されています。また保護された女性に子供がいる場合、母子生活支援施設（☞98ページ）などの関係機関との連携が必要であり、より入所者に合わせた自立支援が求められています。

DVへの対応を筆頭に、女性を取り巻く問題はさまざまです。そんな現代社会において、女性の「避難所」として注目されている女性保護施設。その新しいあり方が模索されています。

その他の母と子の施設

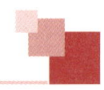

| こんな施設です | 母と子のためにあるさまざまな施設です。 |

こんな人たちが働いています	職員	施設長、事務員、生活指導員（生活相談員）、職業指導員、心理職員、調理員、医師、栄養士など
	資格等	社会福祉主事、社会福祉士、臨床心理士、医師、心理療法士、栄養士・管理栄養士など

職員・資格は事業所で必須の人員ではありません。事業所によって違いがあります。

各施設の概要等　情緒障害児短期治療施設

情緒障害児短期治療施設は、軽度の情緒障害を持つ児童を、短期入所、あるいは通所させて治療する施設です。「児童心理療育施設」とも呼ばれており、家庭内や地域、学校などの日々の生活のなかで、さまざまなストレスから情緒障害の症状が発生して社会適応が困難になっている児童を主に対象としています。

地域の児童相談所が入所の窓口になっています。

医学・心理治療、生活指導、学校教育、家族との治療協力などを中心として、子供とその家族を援助していきます。児童精神科医師、臨床心理士（☞149ページ）、心理療法士は心理治療を行い、児童指導員（☞182ページ）や保育士（☞179ページ）は遊びや集団生活の指導、そして教員は情緒障害児学級での教育を担当し、社会で生活していける基礎を学ばせるのです。

また保護者への定期的な面接を行い、家庭内でのコミュニケーションをよりスムーズにして、子供の状態を理解できるように指導します。

各施設の概要等 母子福祉センター

　母子家庭あるいはこれに準ずる家庭（父子家庭など）の生活、住宅、養育、教育に関する相談、介護・医療相談、法律相談や就職に関する相談などを受ける施設です。また、パソコンや資格取得など、就職に必要な技能取得の講座や、教養を高める講座といった、スキルアップへつながる各種講座を開講しています。

　他にも国や自治体が設けている援助手当の紹介や、旅行やイベントなどといった楽しめるレクリエーションも開催しており、母子家庭が楽しく前向きな生活をめざせるように手助けしていきます。施設長、生活指導員、職業指導員、保育士などが、専門知識と経験を駆使して母子家庭の不安要素を緩和させていきます。

　地域に根差し、母子（父子）家庭が気軽に相談できる場所として、今後も期待される施設です。

各施設の概要等 母子休養ホーム

　日頃、家事や育児そして仕事に追われている母子家庭では、宿泊旅行に行くのも大変なことです。そんな母子家庭の負担をより少なくして、余暇を楽しんでもらうための宿泊施設が母子休養ホームです。

　無料または低額な料金で利用することができます。景勝地、温泉地などにあり、料理も趣向を凝らしたものを提供します。母子福祉センターなどで開催されるレクリエーション会場として使われることもあるようです。なかには母子福祉センターと母子休養ホームを併設した施設もあります。

　施設の利用には、母子家庭である証明書類を福祉事務所に提出する必要があります。ここでは施設長、調理員、事務員などが働いています。

　近年、廃止されている施設もありますが、母子施設として有効に活用させようと模索している自治体もあるようです。

> **こうした施設で働くには？**
> 　国や地方自治体が主体となって運営している公共の施設で働く場合、基本的に身分は公務員です。もともと施設の数も多くはないため、これらの施設で働きたいといっても、募集はほとんどありません。各地方自治体にどんな施設があるのか、募集はあるか、問い合わせてみるといいでしょう。

その他の母と子の施設

障害者自立支援法（現障害者総合支援法）による
障害者支援施設・地域活動支援センター・福祉ホーム

こんな施設です　知的障害、身体障害、精神障害の3つの障害を一元的に支援するためにつくられた障害者自立支援法（現障害者総合支援法）による施設・センターです。

施設の概要　障害の種別によらない一元的支援施設

2006年に「障害者自立支援法（12年より障害者総合支援法）」が施行され、知的障害者福祉法、身体障害者福祉法、精神障害者福祉法など、別々の法律によって33種類に分けられていた既存施設・事業体系が、6つの日中活動（①療養介護、②生活介護、③自立訓練、④就労移行支援、⑤就労継続支援、⑥地域活動支援センター）と居住支援（施設への入所、居住支援サービス〈ケアホーム、グループホーム、福祉ホーム〉）に再編され、複数のサービスを実施する多機能型の施設ができるようになりました。

新しい施設では、これまでの「更生施設」「授産施設」「福祉ホーム」などの個別の名称から、「障害者支援施設」「地域活動支援センター」「福祉ホーム」という名称に統一され、既存の各施設では、今、まさに新施設移行への過渡期にあります。

■障害者支援施設と在所者数

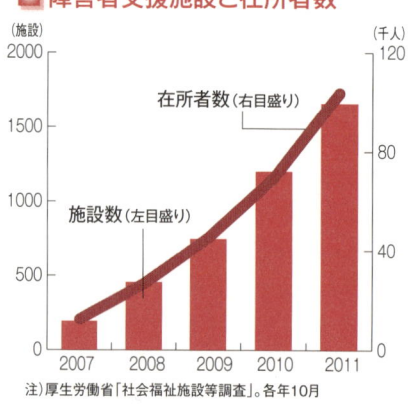

注）厚生労働省「社会福祉施設等調査」。各年10月

■福祉ホームと在所者数

注）厚生労働省「社会福祉施設等調査」。各年10月

これら3種類の施設は地域生活支援事業として、市区町村単位で実施されています。

●障害者支援施設

夜間には「施設入所支援」、昼間は「生活介護」「自立訓練」または「就労移行支援」を行う施設です。

対象者は（1）昼間に「生活介護」を利用する人（障害程度区分4以上（50歳以上は区分3以上）、（2）昼間に「自立訓練」または「就労移行支援」を利用し、入所しながら訓練を実施することが必要かつ効果的と認められる人、または地域におけるサービスの提供体制やさまざまな事情により通所によって訓練等を受けることが困難な人。

どのサービスを行うかは、施設により異なります。

●地域活動支援センター

障害によって働くことが困難な人の日中の活動をサポートする福祉施設で、目的によってⅠ型、Ⅱ型、Ⅲ型に分かれています。2011年には合計で2446カ所になっています。

・地域活動支援センターⅠ型

専門職員（精神保健福祉士等）を配置し、医療・福祉および地域の社会基盤との連携強化のための調整、地域住民ボランティア育成、障害に対する理解促進を図るための普及啓発等の事業を実施する。

・地域活動支援センターⅡ型

機能訓練、社会適応訓練、入浴等のサービスを実施する。

・地域活動支援センターⅢ型

地域の障害者団体等が実施する通所による援護事業を実施する。

●福祉ホーム

住居を求めている障害者に、低額な料金で、居室その他の設備を利用させるとともに、日常生活に必要な便宜を供与する施設です。

トピックス

2012年6月に「障害者自立支援法」は「障害者の日常生活及び社会生活を総合的に支援するための法律」（略称：障害者総合支援法）に改正され、2013年4月から施行されています。前身の「障害者自立支援法」と大きく異なるのは、今までの障害者（障害児）の範囲（身体障害、知的障害、精神障害）に「難病等」が加えられた点です。また、それまでの「障害区分程度（障害の程度）」は支援の度合いを総合的に示す「障害支援区分」に改められました（2014年4月より施行）。

身体障害者福祉法・知的障害者福祉法による
障害者更生施設（身体障害・知的障害〈通所・入所〉）

こんな施設です
身体障害者や知的障害者に必要な治療・訓練を行う更生施設。各障害に合わせて肢体不自由者更生施設、視覚障害者更生施設、聴覚・言語障害者更生施設、内部障害者更生施設、知的障害者更生施設があります。

こんな人たちが働いています

職員　施設長、事務員、生活支援員（相談員）、作業指導員、介護職員、看護職員、機能訓練指導員、心理職員、医師、栄養士、調理員など

資格等　社会福祉士、社会福祉主事、介護福祉士、看護師、理学療法士、作業療法士、視能訓練士、手話通訳士、言語聴覚士、臨床心理士、精神保健福祉士、医師、栄養士・管理栄養士、調理師など

職員・資格は事業所で必須の人員ではありません。事業所によって違いがあります。

施設の概要　障害者更生のための各施設

　身体障害者・知的障害者更生施設は、旧障害者福祉法に基づいて設置された施設です。基本的な機能訓練と障害の程度や能力に応じた社会生活訓練や職業訓練、健康管理指導を行い、障害者の能力や目的に応じた更生を支援していきます。通所型と入所型があり、両方を併設しているところもあります。

　障害者更生施設は障害の内容によって以下のような施設に分けられます。

各施設の概要等　肢体不自由者更生施設（通所・入所）

　肢体不自由者が入所あるいは通所して、社会的更生のために必要な医療・知識・技能・訓練を提供する施設です。18歳以上（場合によって15歳以上）で、基本的に身の回りのことができる肢体不自由者が対象となっています。

　施設では社会生活への参加に向けて、理学療法、作業療法、運動療法を中心に、生活訓練、職能訓練などを行います。

　身の回りのこと、家事や健康の自己管理などの日常で必要なこと全般をこなせるようにするのが生活訓練です。職能訓練とはあまり聞かない言葉ですが、その仕事をするための力を養うための訓練のことです。手工芸や自立に必要な技術、パソコン操作、可能な人には自動車運転も指導します。

その他に、施設での生活がより充実したものになるように、旅行、社会見学、年中行事、誕生会、スポーツ大会なども開催されます。また、利用者の家庭との連絡調整や交流も重要な役割となっています。

入所型施設の場合は24時間体制。スタッフは交替制で勤務します。近年では通所型施設が増加しており、こちらは昼間の勤務が主になります。

入所者の利用できる期間は原則3カ月から1年ですが、特例で6カ月の延長ができます。

各施設の概要等 視覚障害者更生施設（通所・入所）

視覚障害者更生施設は、なんらかの理由で中途から視力に障害を持ってしまった人たちが、自立と社会復帰するための支援をする施設です。入所と通所で訓練を受けることができます。

訓練内容は「生活訓練過程」と呼ばれる、日常生活に必要な歩行、点字、パソコン、生活訓練、調理訓練、ロービジョン訓練等が中心になります。訓練を修了した後は、家庭に戻って社会復帰、あるいは「理療教育課程」と呼ばれるあん摩マッサージ指圧師、はり師、きゅう師等になるための資格取得をめざす職業訓練を受けていくことになります。両方の機能を持った更生施設もあり、社会復帰と自立への足がかりとなる支援をしていきます。年間を通して、さまざまなレクリエーションやクラブ活動なども行われ、心理面のケアも重要な仕事となっています。

入所期間は「生活訓練過程」がおよそ1年、「理療教育過程」が2〜5年です。

各施設の概要等 聴覚・言語障害者更生施設（通所・入所）

聴覚・言語障害者が通所・入所し、更生に必要な指導や訓練を受ける施設が聴覚・言語障害者更生施設です。

社会のなかで自立して生活していくための生活訓練や職能訓練を実施しながら、あらゆる援助を行います。専門医による治療や健康診断、機能回復のための診断や訓練を中心に、基礎学力や豊かな社会性を身につけるための学習、将来の就労支援のために職場実習やパソコン練習、必要に応じて職場見学なども実施します。その他にも、スポーツやクラブ活動、心理相談など、身体や心を豊かにするためのケアをしていきます。

入所期間は原則1年ですが、特に必要と認めるときは延長することができます。入所時期は特に定めていません。

各施設の概要等　内部障害者更生施設（通所・入所）

内部障害者更生施設は心臓・腎臓・呼吸器・膀胱・直腸・小腸・HIVなどの内臓機能の障害者が、自立して社会参加をするための更生施設です。入所あるいは通所で、健康の回復・維持と生活支援、職業訓練、自立訓練を行うことを目的としています。入所期間は原則として1年ですが、場合によっては延長されることもあります。

職業訓練では、経理、農園芸、ビル管理、手工芸、印刷、コンピュータなど、社会生活での自立に向けた実践的な内容になっています。なかには臨床心理士（☞149ページ）になるための訓練を行っている施設もあります。

訓練の他にも、施設での生活をより充実させるため、レクリエーションやイベント、就職面接会なども開催されます。日常生活においては、自立して社会生活を送ることを前提にしたプログラムが組まれています。

各施設の概要等　知的障害者更生施設（通所・入所）

知的障害者を援助するとともに必要な保護を行い、自立と社会参加を支援するのが知的障害者更生施設です。施設では、基本的な生活習慣を身につけるための食事や入浴、洗濯や掃除といった自己管理、そして利用者の情緒を安定させ、社会生活に積極的に参加するために必要なことを会得させていきます。社会生活に適応する力を養うために、買い物や地域行事への参加なども行っていきます。

施設の日常は、できるだけ普通の家庭と同じようなリズムで生活していきます。起床、食事、入浴、睡眠といったリズムのなかに、職場実習や施設内作業といった自立に必要なプログラムが盛り込まれていきます。また行事やクラブ活動、各種レクリエーションも実施され、楽しむことから心の育成をめざしていきます。これらの総合的な取り組みにより、家庭復帰、社会進出をめざしていく施設なのです。

働いている人　相談員、指導員が中心的なスタッフ

それぞれの更生施設で、どのようなスタッフが働いているかを見ていきましょう。

説明のなかに出てくる「生活支援員」は、生活全般にかかわる施設の中心的な存在です。採用時の絶対条件ではありませんが、社会福祉士（☞126ページ）や社会福祉主事（☞132ページ）の資

格を持つ人が求められています。

また「作業指導員」と「職業指導員」は、利用者の自立に向けた職業指導を行うスタッフです。指導する業務に精通し、経験を積んでいるプロフェッショナルで、社会福祉主事の任用資格も持つ人が多いようです。

各施設で働く人　肢体不自由者更生施設（通所・入所）

施設長、事務員、栄養士、調理員、医師などのほかに、個々に応じた技術習得を支援するスタッフは職業指導員、生活訓練や日常生活全般を支援していくのは、生活支援員や理学療法士（☞140ページ）、作業療法士（☞143ページ）などの人たちです。こうしたスタッフが協力しながら、利用者の機能の維持と回復に努めています。

入所型施設の場合は24時間体制。日勤と夜勤の交替で勤務しますが、理学療法士、作業療法士などは日勤です。近年では通所型施設が増加しており、通所型は日勤勤務です。

各施設で働く人　視覚障害者更生施設（通所・入所）

この施設では生活支援員、作業指導員といった施設生活における支援スタッフの他、医師や看護師、視能訓練士など視力障害の治療・訓練を行うスタッフ、職業指導員として指導するあん摩マッサージ指圧師、はり師、きゅう師が勤務しています。

入所型施設は24時間体制で、交替で勤務をします。もちろん施設長、事務

■ 肢体不自由者更生施設の施設数と在所者数

■ その他更生施設の施設数と在所者数

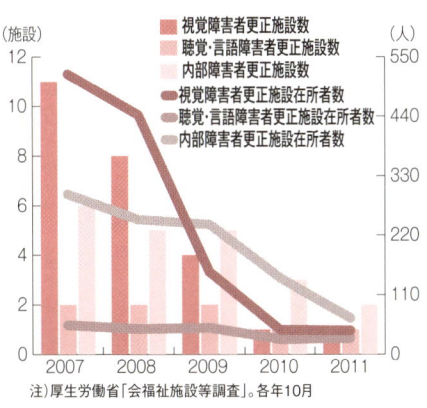

注）厚生労働省「会福祉施設等調査」。各年10月

員、栄養士（☞176ページ）、調理員などのスタッフも働いています。通所型施設の場合は昼間の勤務です。

各施設で働く人　聴覚・言語障害者更生施設（通所・入所）

この施設では施設長、事務員、栄養士、調理員、嘱託医、生活支援員、職業指導員、医師が働いていますが、特に聴覚・言語療法のスペシャリストである言語聴覚士（☞152ページ）は欠かせない存在です。また職員には、手話や口話の知識が必要とされることは間違いないでしょう。

入所型施設は日勤と夜勤の交替制で24時間体制で勤務します。通所型施設は日勤勤務で、入所・通所の両方を併設している場合もあります。

各施設で働く人　内部障害者更生施設（通所・入所）

施設長、事務員、栄養士、調理員、医師をはじめ、理学療法士、作業療法士が働いており、内部障害者に対応した訓練内容を提供していきます。その他に職業指導員、心理判定員、職能判定員、保健師、看護師（☞186ページ）も働いています。

内部障害者向けの食事を管理する栄養士も重要な役割を担っています。内部障害者は、外見からは判断できない障害を持つ人たちです。一見すると健常者に見えても、身体のなかに大きなハンディを持ち、多くの苦しみを抱えています。ですから、この施設で働くスタッフには、より深い洞察力と理解力が求められるでしょう。

医療的管理に重点を置いた施設ですので、入所型の場合は24時間体制でシフトを組んで勤務していきます。通所型を併設しているところもあります。

各施設で働く人　知的障害者更生施設（通所・入所）

この施設で働くスタッフは、施設長を筆頭に、事務員、医師、看護師、栄養士、調理師などですが、特に利用者と密接にかかわるのは生活支援員と呼ばれるスタッフです。日中活動から各種行事など、利用者の生活全般を支援していきます。

できるかぎり、個々の能力や希望に合わせた支援が求められる大変な仕事ですが、利用者の成長と自立に立ち会っていくことのできる、とてもやり甲斐のある仕事です。

入所型施設は24時間体制で勤務します。通所型施設は日勤勤務で、入所・通所の両方を併設している場合もあります。

施設数 将来性　法律の変更で、あり方に変化

2006年に施行された障害者自立支援法、そして12年に改正された「障害者総合支援法」によって、障害者施設のあり方は変化の時を迎えました。104ページでも説明したように、身体障害者、知的障害者、精神障害者それぞれに分けられていた障害者のための施策が、一つにまとめられることになったのです。

そのため、これまで複雑に分けられていた33種の事業体系も、利用する人たちにわかりやすくするために再編されつつあります。

各関係方面では障害者自立支援法に基づいた利用者負担の仕組み（原則1割の定率負担と所得に応じた月額負担上限額の設定）に動き出し、各施設・各事業も手続きを進めている最中なのですが、しかし、障害者自立支援法の問題点が指摘されたため、新たな制度を模索することとなり、障害者自立支援法は「障害者総合支援法」（2013年4月一部施行）と名称が変わり、内容も若干改正されました。

大きな改正点は、障害者の範囲の見直しで、障害者の定義に「難病等」が追加されました。また、障害の程度（重さ）を表していた「障害程度区分」は、支援の必要の度合いを示す「障害支援区分」になり、「ケアホームはグループホームへ一元化される」ようです。

その他の施設などについては大きな変化はなく、粛々と新制度（障害者自立支援法〈現障害者総合支援法〉による施設制度〈障害者支援施設・地域活動支援センター・福祉ホーム〉）へ移行し、新たなサービスを取り入れるところも増えてきています。

利用者を第一に考えながら、新しい時代への対応が迫られている障害者更生施設ですが、制度の変化と同時に新たな成長の時を迎えています。法律の行方には注意が必要ですが、各施設の動向にも注目しておきましょう。

知的障害者更生施設の施設数と在所者数（入所・通所合計）

注）厚生労働省「社会福祉施設等調査」。各年10月

身体障害者福祉法による
身体障害者療護施設（通所・入所）

こんな施設です　障害が重く、日常的に介護を必要とする身体障害者が生活するための施設です。

こんな人たちが働いています

職員　施設長、事務員、支援員、介護職員、介助員、看護職員、機能訓練指導員、医師、栄養士、調理員など

資格等　社会福祉士、社会福祉主事、介護福祉士、看護師、理学療法士、医師、栄養士・管理栄養士、調理師など

職員・資格は事業所で必須の人員ではありません。事業所によって違いがあります。

施設の概要　日常生活からリハビリ、レクリエーションまで

　家庭での生活が困難な最重度の身体障害者にとって、身体障害者療護施設は「生活の場」として過ごすための施設です。常に介助を必要だが、家庭では十分な介助を受けることが困難という18歳以上65歳未満の人が対象です。

　24時間体制で、身体機能の維持、日常生活訓練、心身の安定、健康管理など入所者に合わせた適切な対応を、長期間にわたって行っていきます。入所期間は原則として決まっていません。

　生まれ持った障害、事故による障害、病気による障害など、障害にもいろいろなタイプがあり、障害を持った人が置かれている家庭の状況もさまざまです。年齢も18歳以上65歳未満と幅広く、身体障害者の人間性を尊重したケアが必要とされます。ですから個々に合わせたケアプラン（個別援助計画）を作成して、入所者が生きがいを持って過ごせるようにしていきます。

　施設の1日は食事や入浴といった基本的な日常生活をはじめ、健康管理や治療のための医師による診察、理学療法などのリハビリ、そして日々を楽しく過ごすためのクラブ活動などが行われます。また、お祭りやゲーム大会、旅行といった行事も盛んに行われ、職員たちの手によって楽しく生活できる工夫がなされています。

　できるかぎり居宅に近い環境のなか

で、自立と社会参加をめざし、治療と支援を行っていきます。個々の意思と人格を尊重しながら、施設の持つ専門能力を最大限に提供しているのです。

働いている人　介護職員、指導員が日常生活と自立をサポート

勤務は365日24時間体制ですので、必然的に早番・遅番・夜勤というローテーションを組み、交代制で勤務します。利用者を支える中心となるのが介護職員で、どの施設でも最も多く配置されています。

支援員は相談、入退所の手続きや家族との連絡調整、計画立案などが主な仕事です。職業指導員は配置されていない施設もありますが、パソコン操作、手工芸など、利用者の状況や目標に適した技術の指導・援助を行い、自立のための職業訓練を担当します。

常に治療や健康管理を必要とする障害者のために、医師や看護師（☞186ページ）も働いています。そして障害者の動作能力の回復、機能低下を予防するため、理学療法士（☞140ページ）も勤務しています。

施設数 将来性　身体障害者を守る「要」として

現在、身体障害者療護施設には通所・入所待機者が多く、施設の拡充が求められています。その点も踏まえ、各種在宅サービスを提供する在宅支援事業や危機対応の拠点となることが望まれています。すでに通所による生活介護事業、ショートステイ、訪問介護なども行われていますが、もっと広範囲に及んで障害者を支援する事業の展開が望まれています。

障害者自立支援法（現障害者総合支援法）施行で、施設の利用料の1割負担や食事・光熱費の一部改正などが導入され、新規事業体系への移行、障害福祉計画などが実施され始めました。特に「療護施設」というカテゴリーに置かれた身体障害者療護施設は、これからも社会的弱者である障害者を守る「要」として、地域における障害者福祉の重要な拠点です。

■ 身体障害者療護施設の施設数と在所者数

注）厚生労働省「社会福祉施設等調査」。各年10月

精神障害者福祉法による
精神障害者生活訓練施設

こんな施設です	回復に向かっている、入院医療の必要のない精神障害者に入所してもらい、社会参加に向けた支援をする施設です。

こんな人たちが働いています	職員	施設長、社会復帰指導員、生活指導員、心理職員、医師、栄養士、調理員など
	資格等	社会福祉士、介護福祉士、作業療法士、臨床心理士、精神保健福祉士、栄養士・管理栄養士、調理師など

職員・資格は事業所で必須の人員ではありません。事業所によって違いがあります。

施設の概要　2年間で生活の基本と職業訓練を行う

　入院治療の必要がなく、心の病が回復に向かっている精神障害者に、一定期間利用できる住居と、就労などへの援助を提供する施設です。国や地方自治体の認可、補助を受けて運営されています。

　利用できる期間は原則として2年ですが、特例で1年の延長ができます。この間に規則正しい生活リズムを身につけ、自立へのベースを築くのと同時に、さまざまな支援プログラムを組み自立生活の向上をめざします。短期入所（ショートステイ）、通所といったサービスを設けている施設もあります。

　施設での1日は起床に始まり、朝食、清掃、作業、調理訓練、入浴、自由時間、就寝と、規則正しいリズムに沿って指導していきます。就労支援プログラムとして行われる作業はリサイクルショップを運営したり、食品の製造・販売、企業からの委託作業など、施設ごとに特性や趣向を活かしたものになっています。

こうした訓練の他に、お花見や旅行、社会見学、忘年会などの年中行事が行われ、楽しく充実した生活を送ることができるように工夫されています。

働いている人　日常生活支援と相談に応じるスタッフが中心

施設長をはじめとして、精神保健福祉士（☞164ページ）、社会復帰指導員などの専門スタッフが利用者の置かれた立場や心情、個性を理解し、社会参加促進のための支援をしていきます。

日常生活の支援からスポーツやレクリエーションの計画・指導、就職支援、対人関係や金銭管理などの相談、関係機関との連絡調整など、多岐にわたった仕事をこなしていきます。

施設数　将来性　施設によって仕事の内容に変化が出てくる

障害者自立支援法（現障害者総合支援法）の施行により、精神障害者関連施設も他の障害者施設と一元化されていくことになりました。各施設ではその整備を進めており、現在の精神障害者生活訓練施設は、状況を見ながらグループホームへ移行していくことになると思われます。

事業内容は各施設の置かれた状況によって異なったものになるでしょう。

生活訓練や就労訓練をこれまで通りに継続させていこうとする施設、就労に特化した事業へ路線変更していく施設もあるかもしれません。障害者自立支援法によって現場は混乱していますが、検討を重ねながら移行していっています。

こうした状況のなかで、この職場をめざす人は各施設の動向をしっかりと把握する必要があります。

精神障害者に対する支援は、入院治療中心の体制から地域における支援を中心とする体制に変わってきています。しかし、どのような体制に移行しても、精神障害者を支援していくことには変わりありません。新しい総合的な自立支援体制のなかで、これまでの実績を生かすことが期待されている施設であるといえます。

■ 精神障害者生活訓練施設の施設数と在所者数

身体障害者福祉法・知的障害者福祉法・精神障害者福祉法による
障害者授産施設（身体障害・知的障害・精神障害者〈通所・入所〉）

| こんな施設です | 一般就労がむずかしい身体障害者および知的障害者を入所・通所させ、生活指導・職業訓練を行い、施設内で就労を提供する施設です。 |

| こんな人たちが働いています | 職員 | 施設長、事務員、生活指導員、職業指導員、機能訓練指導員、心理職員、看護職員、医師、栄養士、調理員など |
| | 資格等 | 社会福祉士、社会福祉主事、介護福祉士、理学療法士、作業療法士、精神保健福祉士、看護師、栄養士・管理栄養士、調理師など |

※職員・資格は事業所で必須の人員ではありません。事業所によって違いがあります。

施設の概要　職業訓練をしながら、働く場として

　普通に働くことが困難、あるいは職業を得ることが困難な障害者に、生活指導をしたり、知識や技能を指導して、就労に必要な能力を促進し、職業訓練などを行う施設が障害者授産施設です。

　障害者更生施設（☞106ページ）などと大きく違う点は、施設自体が「働く場所」を提供して自立支援していくという特徴があることです。

　この施設には、自宅から通う通所型、施設に入所して共同生活を送る入所型があり、障害に合わせて以下のような種類があります。

各施設の概要等　身体障害者授産施設（通所・入所）

　日常の生活ができて、集団生活に適応できる18歳以上の身体障害者が入所あるいは通所し、社会参加のための訓練と就業を主な目的とした施設です。

　自宅から施設へ通う通所型と、入所して訓練等を受ける入所型の施設があります。最終的には一般企業に就職したり、自営業などで自活することを目的としていますが、これが困難な障害者のためには、施設内に設けられた職場で働いてもらい、それに見合った賃金を支払っていきます。

　こうして施設内で生み出されるものは授産品と呼ばれています。印刷、電

子部品組立、縫製、パソコン業務、システム開発など、いろいろな事業を展開しており、その実績が高く評価されている施設もあります。

各施設の概要等　知的障害者授産施設（通所・入所）

一般企業で働くのが困難な知的障害者を通所・入所させ、自立に必要な訓練や働く場を提供して、社会への参加を促進するための施設です。自宅から通う通所型施設と入所型施設があります。知的障害者授産施設でも、あらゆる授産事業が行われています。農作業、園芸、製品組立、清掃、クリーニング、食品製造や加工など、施設の特色を生かしたさまざまな事業を展開しています。これによって生じる利益は一定賃金として利用者に支払われます。

一般企業への就職を最終目的としていますが、施設そのものが働く場となって、自立支援のための保護雇用をしているケースがほとんどです。なかには独自ブランドを創りだして、地域の特産品を販売する施設もあります。

各施設の概要等　精神障害者授産施設（通所・入所）

地域での自立をめざし、社会生活に適応していくことを希望する精神障害

障害者授産施設

■ 各障害者授産施設の施設数と在所者数

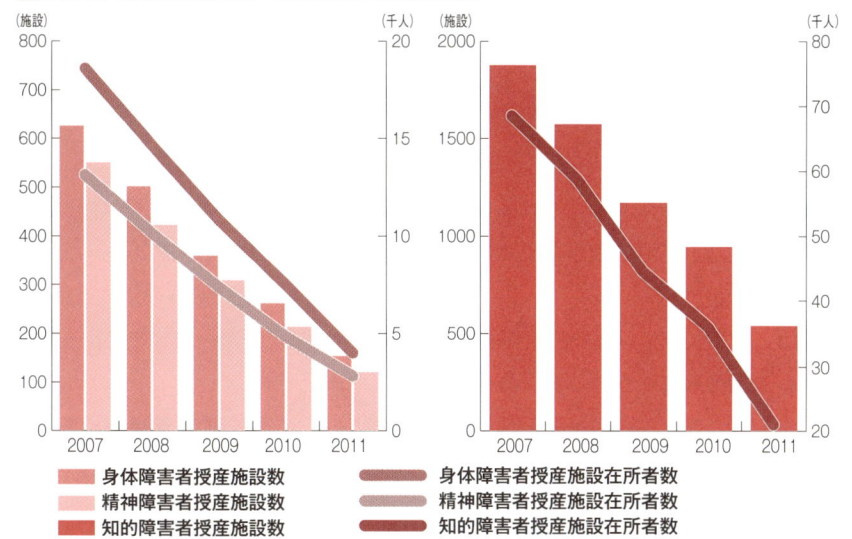

凡例：
- 身体障害者授産施設数
- 精神障害者授産施設数
- 知的障害者授産施設数
- 身体障害者授産施設在所者数
- 精神障害者授産施設在所者数
- 知的障害者授産施設在所者数

注）厚生労働省「社会福祉施設等調査」。各年10月

者のための施設です。通所型と入所型があり、自立に向けて必要な作業能力を持つ人が対象とされます。それぞれの能力に応じた生活訓練、職業訓練を行い、自立した生活をめざします。

職業訓練を含めた授産事業では、食品製造、手工芸品、機械部品製造、農作業、軽作業、クリーニングなどが行われ、作業収入は均等に利用者へ分配されます。生活訓練では、金銭管理、整理整頓や清掃などから規則正しい生活リズムを身につけていきます。

旅行や季節行事、地域行事にも取り組み、社会との交流を深めるための支援もこの施設の重要な役目です。

施設数は通所型のほうが多く、より身近で小規模な通所授産施設の需要が高いといえるでしょう。

働いている人　生活支援と職業指導のスタッフが中心となる

それぞれの授産施設で、どのようなスタッフが働いているのかを見ていきましょう。

以下の説明に出てくる「生活支援員」とは、生活全般にかかわる施設の中心的な存在で、採用の際の絶対条件ではありませんが、社会福祉士（☞126ページ）や社会福祉主事（☞132ページ）の資格を持つ人が求められています。

また「職業指導員」は、利用者の自立に向けた職業指導を行うスタッフで、指導する業務に精通していて、社会福祉士や精神保健福祉士（☞164ページ）などの資格を持つ人が多いようです。

各施設で働く人　身体障害者授産施設（通所・入所）

身体障害者授産施設では、施設長、生活支援員、職業指導員、作業療法士（☞143ページ）、栄養士（☞176ページ）、調理員などが働いています。

施設での規則正しい日課を支えるのは生活支援員ですが、就労や職業訓練の部分を受け持つ職業指導員の存在は大きく、個々の身体障害者の状態に合わせた指導が必要とされるむずかしい仕事です。しかし、一緒に何かをつくり出していく感動を共有できる喜びは何事にも代えられません。

年中行事やイベントなども行われ、安全で快適であることはもちろん、楽しみながら自立に必要な能力を開発・支援する施設となっています。

各施設で働く人　知的障害者授産施設（通所・入所）

この施設でも職業指導員と生活支援員が大きな役目を担っています。施設

での配置人数も最も多いことからも、その重要性がわかると思います。

日常生活から職業訓練、そして就労相談や家族や地域との連絡業務など、それぞれのニーズに合わせたきめ細かい支援を求められる職務です。

職業訓練では、通所・入所者の個性や地域の特性を生かしていく力も求められます。

他に施設長、生活支援員、職業指導員、作業療法士、栄養士、調理員などが働いています。

各施設で働く人　精神障害者授産施設（通所・入所）

この施設では、施設長をはじめ、精神保健福祉士、作業療法士、作業指導員、職業指導員などが働いており、訓練や日常生活指導、生活設計、連絡調整業務までこなさなくてはならない多忙な職場です。さらに利用者や家族を含め、広範囲の相談に応じる各種相談事業も業務の一つとなっています。しかし、前向きに生きようとする障害者を支えていくことの喜びはかけがえのないものです。

施設のなかには、そこで作られた製品の素晴らしさが認められて表彰されたり、自治体の推奨品に指定されたケースもあり、地域のなかで期待される施設でもあるのです。圧倒的に通所型の施設のほうが多く、最近では通所型で小規模な授産施設のニーズが高まってきているようです。

施設数 将来性　小規模型施設が増加の傾向だったが……

2006年に施行された障害者自立支援法（現障害者総合支援法〈2013年4月一部施行〉）により、身体障害者・知的障害者授産施設も改革を余儀なくされました。

利用する障害者の負担が増えたというだけではなく、身体障害者・知的障害者・精神障害者授産施設も、新しいサービス事業に移行していくかどうかを、法律の行方を見ながら考えることになります。

障害者福祉の一層の向上を目的とする福祉業界では、働く場所として魅力あるものにして、質のよい職員を確保する必要性が叫ばれています。

近年の動向としては、入所型よりも地域密着型で小回りの利く小規模授産施設が増加傾向にあります。しかし移行期間のなかで新体系を模索したり、移行した施設も多く、今後の展開を注意して職場選びをしていく必要があるでしょう。

身体障害者福祉法・知的障害者福祉法による
障害者デイサービスセンター

| こんな施設です | 在宅で生活している障害者の日中活動や、地域生活などを支援する「通所型」の施設です。 |

| こんな人たちが働いています | 職員 | 施設長、生活支援員、職業指導員、作業指導員、看護職員、機能訓練指導員、栄養士、調理員など |
| | 資格等 | 社会福祉士、社会福祉主事、介護福祉士、理学療法士、作業療法士、栄養士・管理栄養士、調理師など |

職員・資格は事業所で必須の人員ではありません。事業所によって違いがあります。

施設の概要　地域と障害者が交流する場として

　障害者が自宅から通所して生産的活動、文化的活動、健康促進、日常生活訓練等の活動を行い、自立を支援するとともに生きがいを持って社会参加するための施設です。満18歳以上（特別の場合15歳以上）で、原則として就労が困難な在宅の障害者とその家族が対象となります。

　歩行訓練や家事・調理などの日常生活訓練や、社会マナーやパソコン操作などの社会適応訓練も支援しますが、どちらかというと障害者同士やその家族、地域の人々との交流の場としての

色合いが強い施設で、障害者の文化的活動の拠点ともなっています。

利用者は陶芸、絵画、木工、園芸など、幅広い文化活動を専門スタッフから学んでいくことができます。そこでつくられた商品を販売したり、喫茶店などを営業する施設もあり、こうした活動を地域交流活動のきっかけとするための支援も行っていきます。

年間行事や社会見学旅行なども開催され、障害者の生きがいを支援し、地域と密接に結びつける役割を担っているといえます。また、障害者を持つ家族にとっては、さまざまな相談や情報交換の場として、家族同士の交流を深める場として利用されてもいます。

働いている人 生活支援員がさまざまな相談にのる

施設長、生活支援員、職業指導員、作業指導員、看護師などが勤務していますが、支援の中心は生活支援員であるといえます。

生活支援員は施設で行われる行事の企画から創作活動や訓練の支援、そして各種相談にいたるまでをカバーしていきます。必ず必要な資格ではありませんが、社会福祉士（☞126ページ）や社会福祉主事（☞132ページ）があるといいでしょう。

作業指導員はその知識と技術を生かして、文化活動や創作活動を指導していきます。施設は月曜日から土曜日、午前9時ぐらいから夕方までの業務ですので、職員の勤務時間もそれに準じて日勤となっています。

施設数 将来性 地域活動支援センターとして、新たな活動に移行

障害者自立支援法（現障害者総合支援法）の施行により、障害種別ごとに細かく分かれていたサービス・施設体系を、日中活動（昼間）と居住の場（夜間）に大別し、サービスの目的や機能に応じた事業体系に大きく再編されました。また、大きな課題であった就労支援のためのサービスの強化が図られることになりました。それに伴い、障害者デイサービスセンターは、これらに代わる「地域活動支援センター」などの新サービス体系へ移行しています。ただし、障害者デイサービスセンターという名称で、まだ多くが活動しています。

地域活動支援センターは、2011年の時点で、全国に2446カ所が開設されており、新たに設けられた地域生活支援事業の枠組みのなかで、それぞれの地域ニーズに見合った新サービスを提供しています。

身体障害者福祉法・知的障害者福祉法・精神障害者福祉法による
障害者福祉工場（身体障害・知的障害・精神障害者〈通所〉）

こんな施設です　一般企業に雇用されることが困難な人たちに職場を提供し、自主独立をめざしてもらう福祉工場です。

こんな人たちが働いています
- **職員**　工場長、作業指導員、職業指導員、医師、調理員など
- **資格等**　社会福祉士、社会福祉主事、精神保健福祉士、医師、調理師など

職員・資格は事業所で必須の人員ではありません。事業所によって違いがあります。

施設の概要　職業訓練をしながら、働く場として

　作業能力と働く意欲がありながら、民間企業に雇用されることが困難な身体・知的・精神障害者を対象にした職場が障害者福祉工場です。工場で働いた収入で生活の自立と安定を図ることを目的としています。

　福祉工場とはいっても障害者のための設備環境が整っている点を除いて、通常の工場となんら変わりません。

　ここでは障害者が自立し、仕事から生きがいを見いだせるような工夫をしています。そしてプロとしての自覚を持ち、スキルアップを図ってもらうためにも、工場での品質管理、メンテナンス、改善等はすべて障害者が責任を持って実施していくことになります。

　障害者福祉工場では一般の労働者同様に各種の社会保険が適用され、能力に応じた給料が支給されます。印刷、縫製、食品製造、各種機械部品製造など、あらゆる分野の工場があり、最

精神保健福祉士の職場と仕事

　精神保健福祉士の職場は多くが医療機関で、福祉施設での募集は少ないためこまめな情報収集が必要です。精神障害者の社会復帰を推進する施設での仕事は、生活訓練のプログラムをつくる、利用者と一緒になって作業をする、就労の支援や生活相談を行うなどです。

近ではホームページ作成、デジタルメディアなど、時代のニーズに合わせた事業を行っているところもあります。

働いている人　作業指導員が中心的なスタッフ

所長をはじめ、作業指導員、職業指導員が働いています。障害者に理解があり、なおかつ工場管理・作業などのスペシャリストが求められます。

勤務時間は障害者の就業時間に合わせて日勤です。作業の指導が仕事ですが、利用者と一緒になって働くことも求められます。障害を持たない健常者も一緒に働いている場合もあります。

施設数・将来性　企業色が強く、今後さまざまな改革も

障害者福祉工場は、障害者自立支援法（現障害者総合支援法）の枠組みのなかで、重要な位置を占めています。この法律が、障害者の自立を支援することを大きな柱としているからです。

福祉工場は、独立採算が基本とされています。工場と利用者は雇用契約を結び、一般企業と同様にすべての労働法規が適用される企業色の強い施設です。そして、障害者の自立に強い味方となる施設です。

しかし、利用者の1割負担が原則の障害者自立支援法（現障害者総合支援法）では、利用者負担の増加で利用者の収入に結びつかない、工場自体も採算がとれないなどの問題点が表面化しました。そのため、一部の福祉工場は新体制へと移行しましたが、福祉工場自体の数は減少しています。

障害者福祉工場

■障害者福祉工場の施設数と在所者数

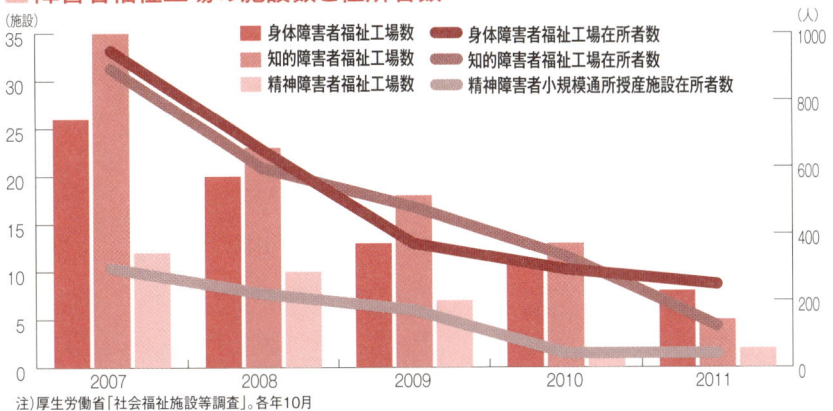

凡例：
- 身体障害者福祉工場数
- 知的障害者福祉工場数
- 精神障害者福祉工場数
- 身体障害者福祉工場在所者数
- 知的障害者福祉工場在所者数
- 精神障害者小規模通所授産施設在所者数

注）厚生労働省「社会福祉施設等調査」。各年10月

福祉・介護関連施設一覧

2011年10月1日現在

施設の種類	施設数	施設の種類	施設数
老人福祉施設	4,827	身体障害者社会参加支援施設つづき	
養護老人ホーム	893	盲導犬訓練施設	11
養護老人ホーム（一般）	847	点字図書館	73
養護老人ホーム（盲）	46	点字出版施設	11
軽費老人ホーム	2,001	聴覚障害者情報提供施設	36
軽費老人ホームA型	208	婦人保護施設	45
軽費老人ホームB型	24	児童福祉施設	31,599
軽費老人ホーム（ケアハウス）	1,769	助産施設	403
老人福祉センター	1,933	乳児院	127
老人福祉センター（特A型）	222	母子生活支援施設	259
老人福祉センター（A型）	1,306	保育所	21,751
老人福祉センター（B型）	405	児童養護施設	578
老人介護支援センター	-	知的障害児施設	225
障害者支援施設等	4,263	自閉症児施設	7
障害者支援施設	1,661	知的障害児通園施設	256
地域活動支援センター	2,446	盲児施設	9
福祉ホーム	156	聾唖児施設	10
旧身体障害者福祉法による施設	286	難聴幼児通園施設	23
肢体不自由者更生施設	15	肢体不自由児施設	59
視覚障害者更生施設	1	肢体不自由児通園施設	97
聴覚・言語障害者更生施設	1	肢体不自由児療護施設	6
内部障害者更生施設	2	重症心身障害児施設	133
身体障害者療護施設	106	情緒障害児短期治療施設	37
身体障害者入所授産施設	44	児童自立支援施設	58
身体障害者通所授産施設	78	児童家庭支援センター	79
身体障害者小規模通所授産施設	31	児童館	4,318
身体障害者福祉工場	8	小型児童館	2,568
旧知的障害者福祉法による施設	1,127	児童センター	1,625
知的障害者入所更生施設	397	大型児童館A型	18
知的障害者通所更生施設	133	大型児童館B型	4
知的障害者入所授産施設	94	大型児童館C型	1
知的障害者通所授産施設	424	その他の児童館	102
知的障害者小規模通所授産施設	20	児童遊園	3,164
知的障害者通勤寮	54	母子福祉施設	60
知的障害者福祉工場	5	母子福祉センター	56
旧精神障害者福祉法等による社会復帰施設	366	母子休養ホーム	4
精神障害者生活訓練施設	162	その他の社会福祉施設等	6,944
精神障害者福祉ホーム（B型）	82	授産施設	69
精神障害者授産施設（入所）	10	宿所提供施設	281
精神障害者授産施設（通所）	66	盲人ホーム	17
精神障害者小規模通所授産施設	44	無料低額診療施設	325
精神障害者福祉工場	2	隣保館	1,024
身体障害者社会参加支援施設	318	へき地保健福祉館	59
身体障害者福祉センター	165	へき地保育所	529
身体障害者福祉センター（A型）	33	地域福祉センター	-
身体障害者福祉センター（B型）	132	老人憩の家	-
障害者更生センター	5	老人休養ホーム	-
補装具製作施設	17	有料老人ホーム	4,640

出所）厚生労働省「平成23年 社会福祉施設等調査」より
注1）精神障害者福祉法＝精神保健及び精神障害者福祉に関する法律

第3章

福祉・介護の資格ガイド

社会福祉士

財団法人社会福祉振興・試験センター
http://www.sssc.or.jp

Q1 どんな仕事？

　この資格は「名称独占資格」といい、社会福祉士の資格を持たない者は「社会福祉士」を名乗ることはできません。しかし、この資格がなくても社会福祉関係の仕事に就くことはできます。

　社会福祉士は、福祉に関する悩みや問題を持つ高齢者や障害者、子供、患者などの、いわば相談役といえます。ほかにも経済的に困窮している人からの相談を受けたり、地域の福祉を活性化させるといった役割も担っています。一般的に、社会的弱者とかかわる仕事ですから、深い人権感覚が必要とされます。

　例えば、児童相談所や児童家庭支援センターに勤務する場合、福祉の対象となる生活に困った子を持つ親から寄せられるさまざまな問題に対し、事情に見合った施設の紹介をしたり、入所した後は育児の指導や就職活動の支援も行います。

　また施設勤務では、対象となる人々と生活をともにしながら、心理カウンセラーと連携しつつ心のケアにも携わります。施設の入所者が病院などに行く場合などには、付き添い兼運転手をすることもあります。

　その他にも、高齢者やその家族が介護保険制度のなかのさまざまなサービスを選択する場合、専門家としてアドバイスしたり、コミュニティワーカーとして福祉教育を推進していくなど、地域福祉の面でも活躍しています。

　このように、社会福祉士とは福祉全体にかかわる職業であり、福祉の専門家かつリーダー的な役割を担う資格なのです。仕事の範囲は非常に広いため、現場では「社会福祉士」という名称ではなく、「ソーシャルワーカー」や「相談員」、「指導員」と呼ばれることも多いようです。

Q2 どんな職場があるの？

　公的機関の相談窓口、さまざまな福祉施設、社会福祉協議会、医療機関の

> ■試験のデータ
> 　■申込期間　　9月上旬〜10月上旬
> 　■試験日　　　1月下旬の日曜日
> 　■合格発表　　3月
> 　■試験地　　　全国各地
> 　■受験料　　　社会福祉士のみ：7,540円（2013年度）
> 　　　　　　　　共通科目免除の場合：6,360円（2013年度）
> ■問い合わせ先
> 　財団法人社会福祉振興・試験センター
> 　〒150-0002　東京都渋谷区渋谷1-5-6 SEMPOSビル
> 　TEL：03-3486-7559

他、NPOや独立事務所などがあります。

Q3 雇用形態と初任給は？

公務員として働く場合は、初任給は大学卒で17万〜20万円、短大・専門学校卒で15万〜17万円。また他の資格を有している場合は、1万円ほどがプラスされることが多いようです。

民間施設で働く場合は、施設や地域によってかなり差があるのが現実です。初任給は15万〜18万円が一般的ですが、主任相談員や施設長としての就職や、経験・知識などによってそれ以上となる場合もあります。

夜勤や宿直といった勤務には手当てがつくほか、退職金については、国が補償する「社会福祉施設職員退職手当」という制度や、社会福祉協議会の退職金共済制度、各社会福祉法人が独自に設けている制度もあり、民間で働く場合も公務員と同程度の補償が得られると考えられます。

Q4 将来性は？

社会福祉士の求人は、介護福祉士（☞129ページ）や保育士（☞179ページ）と比較すると少ないのが現実です。現在は就職先を見つけるのに努力が必要ですが、高齢社会のなか増加する介護の問題や、近年増加しつつある青少年の心の問題などを考えると、福祉職のリーダーたる社会福祉士は、今後ますます必要とされていくでしょう。

Q5 社会福祉士になるには？

社会福祉士になるためには国家試験に合格する必要があります。

<受験資格>
①福祉系大学で指定科目を履修した卒業者

② 3年制の福祉系短大・専門学校で指定科目を履修した卒業者で、相談援助の実務を1年以上経験した者
③ 2年制の福祉系短大・専門学校で指定科目を履修した卒業者で、相談援助の実務を2年以上経験した者
④ 学校での勉強や福祉の仕事を経て、社会福祉士の養成施設を卒業（修了）した者
⑤ 特定の福祉職で5年以上の実務経験を積んだ者

　試験は社会福祉士に必要な知識と技術があるかどうかをみます。試験方法はマークシート方式で13科目150題が出題されます。合格基準は総得点の60％以上で、どの科目にも0点がないこと。

　社会福祉士をめざす場合の最短ルートは福祉系の4年制大学に進学し、国家試験に合格することです。なお、福祉系の学校が必ず社会福祉士になるための科目を網羅しているわけではありません。また、実務経験とは、福祉事務所や児童相談所、障害者更生相談所等で、福祉司や査察指導員としての経験を指します。

■ 社会福祉士資格取得ルート

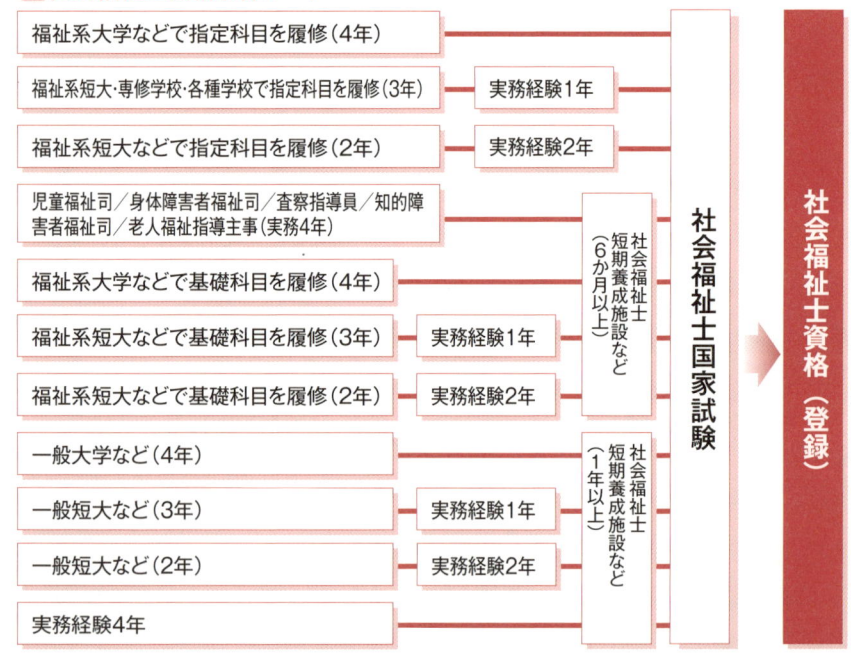

ルート	実務経験	養成施設	国家試験	資格
福祉系大学などで指定科目を履修（4年）			社会福祉士国家試験	社会福祉士資格（登録）
福祉系短大・専修学校・各種学校で指定科目を履修（3年）	実務経験1年			
福祉系短大などで指定科目を履修（2年）	実務経験2年			
児童福祉司／身体障害者福祉司／査察指導員／知的障害者福祉司／老人福祉指導主事（実務4年）		社会福祉士短期養成施設など（6か月以上）		
福祉系大学などで基礎科目を履修（4年）				
福祉系短大などで基礎科目を履修（3年）	実務経験1年			
福祉系短大などで基礎科目を履修（2年）	実務経験2年			
一般大学など（4年）		社会福祉士短期養成施設など（1年以上）		
一般短大など（3年）	実務経験1年			
一般短大など（2年）	実務経験2年			
実務経験4年				

介護福祉士

財団法人社会福祉振興・試験センター
http://www.sssc.or.jp/

Q1 どんな仕事？

　高齢化が進むにつれ、寝たきりや認知症の高齢者が増加し、そうした現状とともに、介護問題も表面化しています。介護福祉士は、そんな介護の現場の第一線で活躍しています。

　介護福祉士は1987年にできた制度で、社会福祉士・介護福祉士法に基づいた国家資格です。専門的な知識と技術を生かし、身体上・精神上の障害によって日常生活を送るのがむずかしい人の介護を行います。また、その人本人だけでなく、介護者に対しても介護に関する指導を行います。社会福祉士が主に「ソーシャルワーカー」と呼ばれるのに対し、介護福祉士は「ケアワーカー」と呼ばれることもあります。

　具体的な仕事内容としては、老人ホーム、身体障害者更生援護施設などの入所型の福祉施設内での介護、在宅では、高齢者・心身障害者の訪問介護や自立支援などがあります。また、介護職としての専門性を生かして、在宅介護支援センターの職員として相談にあたる場合もあります。

　介護を必要とする人や、自宅で介護している家族の悩みや心身の問題は、千差万別。それぞれのニーズに応じた介護をしなければなりません。そのために、福祉に関する知識のほか、栄養学、調理、心理学、医学に関する幅広い知識とリハビリテーション技術などが必要となります。

　資格がなくても介護の仕事はできますが、確かな介護の技術や福祉に関する専門知識などを修得した介護福祉士は、介護のスペシャリストとして、今後もますます需要が高まるでしょう。

Q2 どんな職場があるの？

　有料老人ホーム（☞66ページ）や養護施設などの入所型施設をはじめとして、老人デイサービスセンター（☞71ページ）などの通所型の事業所、自宅で介護を受けるための在宅型サービス事業所など、介護が必要なすべての分

野で働く場があります。

Q3 雇用形態と初任給は？

公立の施設に勤めた場合は公務員と同じで、各地方自治体の規定に沿ったものとなります。東京都の場合、大学卒業者の初任給で約20万円、短大卒で約17万8000円。夜勤や宿直手当てなどがこれにプラスされます。

民間の施設や病院に勤務した場合は、規模や勤務形態によって大きく開きがあるのが現状です。

Q4 将来性は？

今後、65歳以上の高齢者の割合はますます増加の傾向にあり、2015年には26％、つまり人口の4分の1を超えると予測されています。すでに核家族化が進行し、家族だけで介護をすることが困難な現実もあります。このような

■ 介護福祉士資格取得ルート（主なもの）

①介護福祉士養成施設を卒業して資格を取得するケース

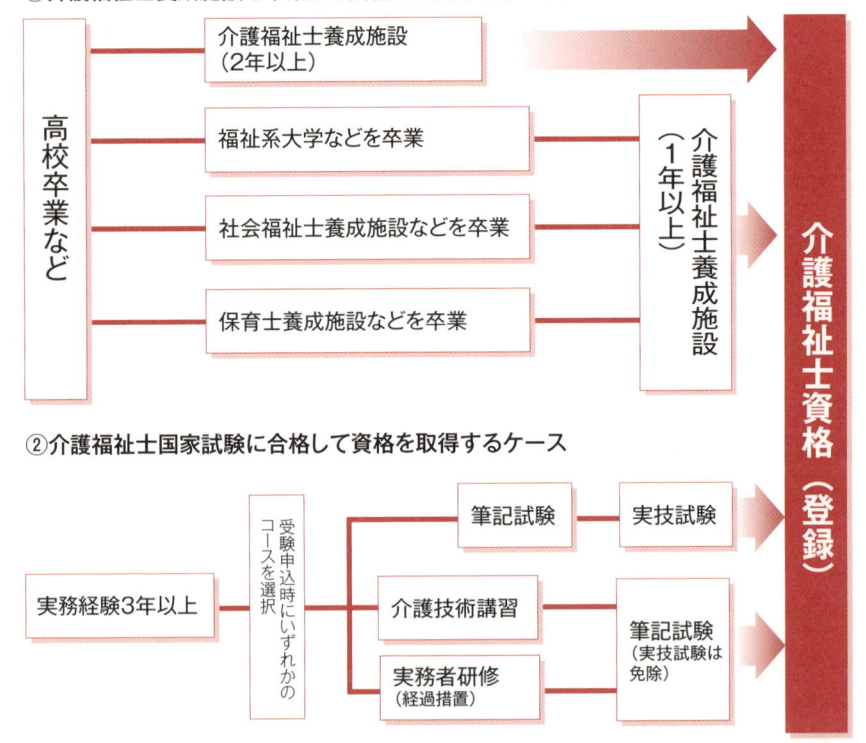

高校卒業など
- 介護福祉士養成施設（2年以上） → 介護福祉士資格（登録）
- 福祉系大学などを卒業 → 介護福祉士養成施設（1年以上） → 介護福祉士資格（登録）
- 社会福祉士養成施設などを卒業 → 介護福祉士養成施設（1年以上） → 介護福祉士資格（登録）
- 保育士養成施設などを卒業 → 介護福祉士養成施設（1年以上） → 介護福祉士資格（登録）

②介護福祉士国家試験に合格して資格を取得するケース

実務経験3年以上 → 受験申込時にいずれかのコースを選択
- 筆記試験 → 実技試験 → 介護福祉士資格（登録）
- 介護技術講習 → 筆記試験（実技試験は免除） → 介護福祉士資格（登録）
- 実務者研修（経過措置） → 筆記試験（実技試験は免除） → 介護福祉士資格（登録）

これらのほか、福祉系高校を卒業する場合にはカリキュラムによって異なるルートがある。

■**試験のデータ**
- ■申込期間　例年8月上旬～9月上旬
- ■筆記試験　例年1月下旬頃
- ■実技試験　例年3月上旬頃
  ※実技試験は筆記試験に合格した者のみ
- ■合格発表　例年3月末
- ■試験地　全国各地
- ■受験料　10,650円（2013年度）

■**問い合わせ先**
財団法人社会福祉振興・試験センター
〒150-0002　東京都渋谷区渋谷1-5-6 SEMPOSビル
TEL：03-3486-7559

時代背景から、介護のエキスパートはますます必要とされるでしょう。

高齢者福祉の充実が重要課題である今、より質の高い人材の確保は急務です。そのため国は人材の質の向上をめざして、介護職員初任者研修（☞137ページ）から介護福祉士へという、スキルアップの道筋を明確にしました。また、「(仮)認定介護福祉士」という介護福祉士の上級資格も検討されています。これは介護福祉士の資質を高めるとともに、介護チームリーダーや他職種との連携を担う資格として創設されるものです。今後は、介護に携わる仕事の中心が介護福祉士になりますので、取得しておきたい資格です。

Q5　介護福祉士になるには？

介護福祉士となるためには、大別して2つの方法があります。1つは、大学・短大・専門学校等、国が指定した養成施設で必要な科目を履修して卒業する方法（国家試験免除）。もう1つは、受験資格を満たして国家試験（筆記と実技）に合格する方法です。受験資格は、福祉に関する所定の単位を修了した高卒者、またはホームヘルパー2級で一定の実務経験があることなどです。

介護福祉士の登録者数は、2012年9月の時点で約108万6000人おり、ここ数年間は年間数万人規模で増加しています。

なお、2006年からは、事前に介護福祉士養成施設が行う「介護技術講習」を修了することで、国家試験の筆記と実技のうち、実技試験の受験が免除されるという制度が開始されました。

介護福祉士

社会福祉主事（任用資格）

Q1 どんな仕事？

社会福祉主事は福祉の現場では「ケースワーカー」などと呼ばれ、いろいろな行政機関で保護・援助を必要とする人に対して、相談や指導、援助などの業務を行います。窓口で相談を受けるだけでなく、場合によっては直接相談者の家庭を訪問したり、生活費や教育費、医療費などの支援、補聴器、車いすの支給、母子生活支援施設への入所手続き、ホームヘルパーの派遣など、仕事内容は多岐にわたります。

基本的には公務員として採用され、実際に業務を遂行した際にはじめて、「社会福祉主事」と名乗ることができる資格ですが、昨今では民間の福祉系企業でも採用基準の一つとして「福祉に関する知識を持っている者」であることが求められています。

名乗れる、名乗れないということに関係なく、この資格を持っていること自体が、社会福祉の基礎的な学習を修めてきたという証になります。その点では有用性のある資格といえるでしょう。

Q2 どんな職場があるの？

基本的に公的機関になります。福祉の総合的窓口である社会福祉事務所が主な職場となるでしょう。

Q3 雇用形態と初任給は？

基本的に公的機関での勤務（地方公務員）となるため、給料は各地方自治体の規定に沿ったものとなります。ちなみに東京都の場合、2012年の行政職（有資格）では大学卒業者の初任給が約18万1200円です。

Q4 将来性は？

福祉の充実が急がれている今、地方自治体においても福祉のセクションの充実と向上は、重要課題の一つです。また、公的機関だけでなく、民間の福祉関連の施設の求人などでもこの資格を有していることが望ましいとされる

ケースもあります。社会福祉主事は「福祉関係の仕事の基本を知っている人」として重視されています。

Q5 社会福祉主事になるには？

社会福祉主事の資格は「任用資格」といい、国家試験や認定資格と違って、試験を受けて合格して得るのではなく、大学や短大、専門学校などで所定の科目を履修し、関連する仕事に就くことで得られる資格です。

社会福祉主事になるためには、大学、短大、専門学校などで、右にあげた34科目のうち、最低3科目以上を履修して卒業する必要があります。

ただし、指定科目の履修が3科目だけであると、福祉の仕事に就いた後、所定の講習会などで再度勉強しなければならない場合もあります。

これらの科目の多くは、社会福祉関連の課程をおく学校で履修可能となりますが、なかには一般の大学等でも履修可能な科目もあります。それらの科目を履修し、卒業後に公務員となり、福祉の現場で社会福祉主事として活躍する人もいます。

＜厚生労働大臣指定必修科目＞

社会福祉概論、社会福祉事業史、社会福祉援助技術論、社会福祉調査論、社会福祉施設経営論、社会福祉行政論、社会保障論、公的扶助論、児童福祉論、家庭福祉論、保育理論、身体障害者福祉論、知的障害者福祉論、精神障害者保健福祉論、老人福祉論、医療社会事業論、地域福祉論、法学、民法、行政法、経済学、社会政策、経済政策、心理学、社会学、教育学、倫理学、公衆衛生学、医学一般、リハビリテーション論、看護学、介護概論、栄養学、家政学。

ケアマネジャー（介護支援専門員）

各都道府県介護支援専門員研修受講試験担当課

Q1 どんな仕事？

　ケアマネジャーとは、介護をトータルにコーディネイトする専門家で、「介護支援専門員」とも呼ばれています。

　介護を必要とする人や、その家族からの相談に応じ、本人の希望や心身の状況に応じて、その人にとってどのような介護が最もよいのかを考え、公平・中立な立場でケアプランを作成します。

　ケアプランとは、ニーズに基づいて援助の方針と目標を立て、それに対応するサービス内容や種類、回数、提供事業者などを決めたものをいいます。一人ひとりに合った介護サービスが提供できるかどうかはケアマネジャーにかかっており、責任の重さがやりがいの大きさにつながる仕事です。

　思いやりの気持ちはもちろん、介護を必要とする人の家族やプライバシーにかかわる相談を受けることもあるため、高い倫理観が求められます。また、必要な知識も医療・保健・福祉と幅広く、そのうえ信頼感・責任感・公平性・中立性などが求められます。

　ケアマネジャーの仕事には、大きく分けて次の5つがあります。

①訪問調査

　介護をされる人や、その家族からの相談を受けたり助言を行ったりします。本来は市町村の職員が行うことになっていますが、委託があった場合にはケアマネジャーが行うことになっています。

②課題分析とケアプラン原案作成

　介護サービスを利用する人と面談をして、どこに課題があるかを明らかにし、ケアプランの原案を作成します。

③ケアプランの作成

　必要なサービスを組み合わせ、具体的な実施時間や内容、回数の計画を立てます。利用者にサービスの内容を説明し、ケアプランの同意を得ることも含まれます。

④サービス調整とモニタリング

　ケアプランに基づいたサービスが実

> ■**試験のスケジュール（都道府県によって異なる）**
> 　■試験日　　　　10月下旬（全国統一）
> 　■試験地　　　　都道府県指定の場所
> 　■受験申込書配布　6月上旬～7月中旬配布予定
> 　■申込期間　　　6月中旬～7月中旬を予定
> 　※日程等の詳細は、例年5月中旬～下旬に発表される
>
> ■**試験のデータ**
> 　■受験料　　　　9,200円（東京の場合、2013年度）
> 　■受験資格　　　医療・福祉関連の資格および業務内容で5年以上の実務経験を満たすこと（資格や職種によって異なる）
>
> ■**問い合わせ先**
> 　各都道府県介護支援専門員研修受講試験担当課

施されるように、サービス事業者との連絡調整や実施、状況を把握します。

⑤**給付管理**

1カ月ごとに実際にかかった費用や利用者の負担分を計算して、管理表を作成します。

Q2 どんな職場があるの？

自宅で高齢者を介護する人たちを支援する地域包括支援センター（☞76ページ）や、施設で介護する介護老人福祉施設（☞56ページ）、介護老人保健施設（☞61ページ）、介護療養型医療施設などが主な職場です。他にも、有料老人ホーム（☞66ページ）や地方自治体、老人デイサービスセンター（☞71ページ）、病院などで働くケースもあります。

Q3 雇用形態と初任給は？

雇用形態は、正規職員・契約職員・パートなどさまざまです。在宅介護支援センターや介護保険施設の場合、9時～17時（18時）の日勤がほとんどで、その他の高齢者施設でも日勤が一般的ですが、訪問調査を行うため外出が多く、利用者の都合によっては休日出勤することもあります。給与は比較的高く、初任給は月給で約25～30万円くらいが多いようです。

Q4 将来性は？

現在は政府によって、居宅介護支援サービスの充実を図ろうという動きが

あります。

居宅介護支援事業者はサービス利用者50人に1人の割合で、ケアマネジャーを置くことが介護保険制度で義務づけられているために、ニーズは高まる一方ですが、しかし現場で実際に働いているケアマネジャーは不足しているのが現状です。なので、求人は多く、今後もこの傾向はしばらく続くと予想され、将来性という点では有望な資格といえるでしょう。

Q5 ケアマネジャーになるには？

ケアマネジャーになるためには、まず「介護支援専門員実務研修受講試験」に合格しなければなりません。各都道府県が年に1回、例年10月から11月にかけて実施しています。受験申込の締切りは例年7月から8月にかけて。詳細は都道府県によって異なるため、各都道府県の受講試験担当まで確認してください。

この試験を受けるには、原則として次の資格を持っている人が、医療・介護・福祉・保健の分野で5年以上の実務経験があることが必要です。その資格とは、医師、歯科医師、薬剤師、保健師、助産師、看護師、准看護師、理学療法士、作業療法士、社会福祉士、介護福祉士、視能訓練士、義肢装具士、歯科衛生士、言語聴覚士、あんまマッサージ指圧師、はり師、きゅう師、柔道整復師、栄養士、管理栄養士、精神保健福祉士です。また、相談援助業務に従事し、社会福祉主事任用資格を持つ人も、同条件で受けることができます。

この試験に合格したのち、各都道府県で実施される介護支援専門員実務研修を受け、研修修了証が発行されて、晴れてケアマネジャーとなるのです。

また、2006年からは資格取得後も更新が必要になり、5年ごとに更新時研修の受講が義務づけられています。

ケアマネジャー（介護支援専門員）資格取得ルート

※各都道府県で実施

| 保健・医療・福祉分野で、原則として5年以上の実務経験を有する者（分野により異なる） | → | 介護支援専門員実務研修受講試験 | → | 介護支援専門員実務研修 | → | 介護支援専門員実務研修終了証明書交付 |

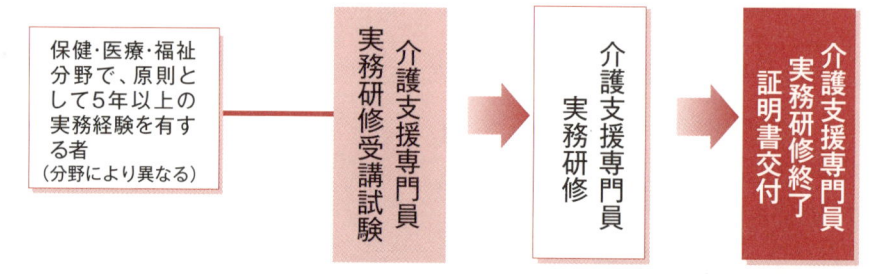

介護職員初任者研修
（ホームヘルパー2級相当）

東京の場合　東京都福祉保健局
http://www.fukushihoken.metro.tokyo.jp/

　2013年4月から、ホームヘルパー2級の制度が廃止され、「介護職員初任者研修」という制度が新設されました。

　日本では、少子高齢化が急速に進行しつつあり、高齢化率（65歳以上の高齢者が総人口に占める割合）が2013年には約25％に達すると見込まれています。こうした中で、介護に関するニーズは、より高度化・専門性・多様性が求められるようになっています。

　そのため、厚生労働省としては、介護福祉士（☞129ページ）を介護職の中心として育成する方向性を示してきました。そこで、これまで「訪問介護員（ホームヘルパー）養成研修」「介護職員基礎研修」など、複雑になっていた研修体制を一元化することで、介護職員の体制をよりわかりやすくしようとしています。今後は、「介護職員初任者研修」→（実務者研修）→「介護福祉士」→「認定介護福祉士（仮称・検討中）」というスキルアップの道筋を明確にするのが目的です。

　2012年3月までにホームヘルパー2級を受講した人は「介護職員初任者研修修了者」とみなされます。

Q1 どんな仕事？

　介護職員初任者研修修了者は、高齢者や身体障害者など、肉体的・精神的に日常生活を送るのに支障のある人の家庭を訪問したり、介護施設内でサービスを提供します。

　仕事内容は、食事や排泄、衣類着脱、入浴、体位変換、通院の付き添いなどの「身体介護」、掃除、洗濯、調理、買い物などの「生活援助」の、大きく2つに分けられます。また、日常生活に関する相談やアドバイスなどの精神面のケアも、充実した生活をバックアップする意味で重要な仕事です。

　求められる資質として最も大切なことは、常に相手の立場に立って考える思いやりの心でしょう。相手は介護や手助けを必要とする高齢者や障害者の方々ですから、些細なしぐさや表情から相手の気持ちを読み取る力が、信頼

関係を築くうえで必要となります。

また、細やかなサービスを提供するだけでなく、「自立支援」を目的としているところが、単なるお手伝いさんとは異なる点です。社会的責任も大きく、それだけにやりがいも感じられる仕事といえるでしょう。

Q2 どんな職場があるの？

活躍できるフィールドは幅広く、民間の在宅介護サービス事業者に就職・登録し、仕事に就くのが一般的ですが、老人デイサービスセンター（☞71ページ）や介護老人福祉施設（☞56ページ）、病院、障害者のための施設や、さらに公務員として市町村の介護施設などに勤務することもあります。

パート・短時間就労など、自分の都合に合わせて働くことができるのが特徴でしょう。

Q3 雇用形態と初任給は？

公務員、正社員・正職員、常勤のほか、非常勤の登録型として活躍する人も多く、近年では正社員としての雇用は減る傾向にあります。地域などによって、給与の差も大きく、時間給では1000円～2000円くらいの幅があります。自治体で働く場合には、その自治体や本人の経験にもよりますが、公務員でおよそ年収300万円～400万円。福祉施設などに勤務した場合の初任給は、月15万円以上のようです。

Q4 将来性は？

高齢化に伴い、現場では慢性的に人手が不足しているため、今後ますます需要が高まる傾向にある仕事です。

しかし、介護保険法の下では、この資格のままでは給与の上昇はむずかしいのが現状です。将来的には、介護福祉士、ケアマネジャーなどの上級介護資格へステップアップをしていくことが必要となります。

介護福祉士試験を受けるには、2016年1月の試験から、3年以上の実務経験に加え、養成施設等において「実務者研修（ホームヘルパー1級相当）」を修了する必要があります。この研修時間は450時間ですが、介護職員初任者研修（ホームヘルパー2級相当）を修了している場合は320時間に短縮されます。このため、介護職員初任者研修はステップアップのための「入り口資格」または「福祉・介護の仕事への第1歩」として適した資格といえるでしょう。

逆に、将来高齢の家族を在宅で介護することを考え、知識や技術を得るためにもいいかもしれません。

Q5 介護職員初任者研修を修了するには？

介護職員初任者研修の実施は、都道府県または都道府県知事が指定した事業者によって行われます。

研修科目および時間は次のようになっています。
① 職務の理解：6時間
② 介護における尊厳の保持・自立支援：9時間
③ 介護の基本：6時間
④ 介護・福祉サービスの理解と医療の連携：9時間
⑤ 介護におけるコミュニケーション技術：6時間
⑥ 老化の理解：6時間
⑦ 認知症の理解：6時間
⑧ 傷害の理解：3時間
⑨ こころとからだのしくみと生活支援技術：75時間
⑩ 振り返り：4時間

これら合計130時間が研修カリキュラムで、講義と演習が行われます。また、これらの理解を確認するための筆記試験による終了評価と、高齢者または障害者施設の見学・実習が行われます。

研修の開催時期や受講方法（通学・通信）等は実施主体によって異なります。また、受講料も実施主体によって、6万円〜15万円くらいまで差があります。まずは自分の住む地域にある自治体の福祉保険局・福祉部等に問い合わせたり、インターネットなどでどのような受講方法があるかを確認する必要があるでしょう。

高齢化にともない、介護の質を高めるために、介護福祉士を介護現場の中心資格とする方向性が示されてきました。今後は、介護職員初任者研修が介護の仕事の入り口として定着していくことと思われます。

理学療法士

社団法人日本理学療法士協会
http://wwwsoc.nii.ac.jp/ipta/

Q1 どんな仕事？

理学療法士の仕事とは、病気やけが、交通事故などなんらかの原因で、基本的な身体運動機能（腕や足を曲げる・伸ばす、立つ・座る、歩く・走る等）に障害を持った人を回復させ、社会生活を取り戻せるように、医師の指導のもと、医学的リハビリテーションを行う仕事です。

関節の曲げ伸ばし、歩行訓練などにより筋力増強を行う運動療法と、温熱・電気刺激、マッサージなどを用いて痛みを和らげる物理療法を中心に施し、日常生活を送るうえでの基本的な動作能力の回復を図ります。

また、義肢・装具の適応訓練や福祉機器の使用訓練などを行い、障害が残らないように改善・予防も行います。他にも、障害を持った人が安全で快適に暮らせるよう、手すり・浴室・トイレの改装・段差をなくすなどの住宅改造も行い、バリアフリー実現の専門家としても期待されています。

理学療法を必要とする人は子供から高齢者までと幅広く、先天性の病気から後天性の病気までさまざまな分野を扱うため、幅広い知識が必要です。

こうした一人ひとりの状況を適切に理解し、根気よく向き合える人に向いている仕事です。障害を持った人が肉体的にも精神的にも元気になり、再び社会に復帰するまでを見守る、とてもやりがいのある仕事です。

Q2 どんな職場があるの？

主な職場は病院、リハビリテーションセンターなどの医療の分野、そして介護老人福祉施設（☞56ページ）や介護老人保健施設（☞61ページ）、各種の障害者施設、障害児施設等の障害者の福祉施設、また在宅福祉の分野でもニーズがあります。

Q3 雇用形態と初任給は？

多いのは常勤職員としての雇用ですが、訪問リハビリなどのケースではパートでの雇用もあります。

■試験スケジュール
　■申込期間　　12月中旬から1月上旬
　■試験日　　　筆記：2月下旬
　　　　　　　　口述・実技：2月下旬
　■試験地　　　筆記：全国8カ所（北海道、宮城、東京、愛知、大阪、香川、福岡、沖縄）
　　　　　　　　口述・実技：東京
　■合格発表日　3月下旬
　※口述・実技は点字受験者のみ

■試験のデータ
　■受験手続　　試験地を管轄する地方厚生局または地方厚生支局に必要書類を提出すること
　■必要書類　　受験願書／写真1枚／返信用封筒／受験資格を証明する書類
　　　　　　　　（修業証明書もしくは修業見込証明書等）
　■受験料　　　10,100円（2013年度）

■問い合わせ先
　理学療法士国家試験臨時事務所
　　〒103-0027　東京都中央区日本橋1-20-5
　　TEL：03-5200-5860

　初任給は国立病院の場合、大卒で20万円前後、3年制短大卒者は約18万5000円です。病院や施設によって異なりますが、平均年収は300万円～600万円程度のようです。

Q4 将来性は？

　資格取得者の7～8割は医療施設に、その他1割は福祉施設に勤務しています。介護保険制度の施行後、医療と共に福祉の分野での理学療法士の需要が高まっています。

　理学療法士資格取得者、理学療法士養成校の増加により、年々就職は厳しくなってはきていますが、それでも卒業生の2～3倍ほどの求人数があるので、就職状況は良好といえるでしょう。

Q5 理学療法士になるには？

　高校卒業後、文部科学大臣指定の学校、厚生労働大臣指定の理学療法士養成校において3年以上専門知識や技能を修得したのち、年に1回実施される理学療法士試験に合格することが必要です。養成校は、4年制の大学、3年制の短期大学と専門学校など、全国に

150校以上あります。

<受験資格>
① 理学療法士養成学校または、養成施設で3年以上必要な知識や技術を修得すること。
② 作業療法士（☞143ページ）の資格を持っている場合は、文部科学大臣指定校または厚生労働大臣指定の養成学校で2年以上の理学療法士の知識や技術を修得すること。
③ 外国の理学療法に関する学校もしくは養成施設を卒業するか、外国で理学療法士の免許に相当する免許を受けた者で、厚生労働大臣が②にあげる者と同等以上の知識および技能を有すると認定したもの。

<試験科目>

（1）筆記試験
一般問題
　解剖学、生理学、運動学、病理学概論、臨床心理学、リハビリテーション医学（リハビリテーション概論を含む）、臨床医学大要（人間発達学を含む）および理学療法

実地問題
　運動学、臨床心理学、リハビリテーション医学、臨床医学大要（人間発達学を含む）および理学療法

（2）口述試験および実技試験
　点字試験受験者に対して、実地問題に代えて次の科目について行います。
　運動学、臨床心理学、リハビリテーション医学、臨床医学大要（人間発達学を含む）および理学療法

■ 理学療法士資格取得ルート

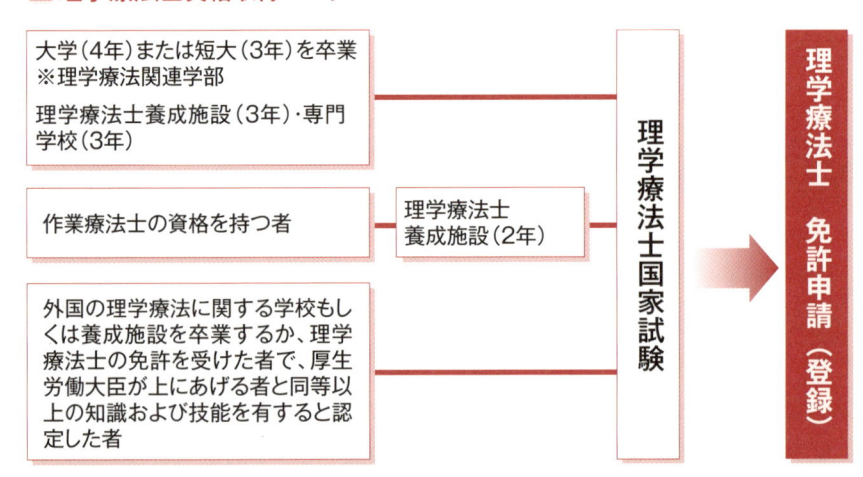

大学（4年）または短大（3年）を卒業 ※理学療法関連学部　理学療法士養成施設（3年）・専門学校（3年）		理学療法士国家試験	理学療法士　免許申請（登録）
作業療法士の資格を持つ者	理学療法士養成施設（2年）		
外国の理学療法に関する学校もしくは養成施設を卒業するか、理学療法士の免許を受けた者で、厚生労働大臣が上にあげる者と同等以上の知識および技能を有すると認定した者			

作業療法士

社団法人日本作業療法士協会
http://www.jaot.or.jp/

Q1 どんな仕事？

作業療法士の仕事は、けがや病気などが元で身体や精神に障害がある人や発達障害のある児童、機能が低下した高齢者などに対し、絵画、手工芸、陶芸、ゲーム、音楽演奏、レクリエーションなど日常生活の活動の応用的な治療・訓練を行い、機能の回復や機能低下の予防を図る仕事です。

食事や洗面などの日常生活動作訓練のほか、職業に向けての作業訓練など、幅広い援助を行うため、リハビリの専門医など他の専門職との連携も必要とされます。

理学療法士と同様、医師の指導のもとに、身体や精神に障害のある人に対して、機能回復を図ることを目的としていますが、理学療法士との相違点は、理学療法士が基本的動作や運動能力の回復を目的としているのに対し、作業療法士は主に障害者の応用的動作能力や社会的適応能力の回復を図ることを目的にしている点です。

心や体に障害を負った人を対象とするので、繊細な気配りができることが重要です。また、その人にとって最も適切なリハビリとは何かを、患者さんの動きから見抜く鋭い観察力も必要となります。体が不自由な人も多いため、介護的な要素も必要になり、体力も必要です。

Q2 どんな職場があるの？

活動の場は多彩で、病院内のリハビリテーションセンターやリハビリの専門施設などの医療機関、また養護学校などの教育機関などさまざまです。福祉施設でも、介護老人福祉施設（☞56ページ）、介護老人保健施設（☞61ページ）、各種の身体障害者施設、障害児施設などで幅広くニーズがあります。

Q3 雇用形態と初任給は？

常勤、非常勤、パートなど。初任給は国立病院の場合、大学院卒で約19万円、大卒で約18万円、短大・専門学校

卒で17万円くらいです。

Q4 将来性は？

就職率もほぼ100％近くあり、安定した職業だといえます。しかし、病院、介護施設など求人先が多岐にわたるため、将来どの分野を専門とするかなど、プロの作業療法士として良い経験を積める現場を選ぶことが大切です。

Q5 作業療法士になるには？

作業療法士は国家資格で、高校卒業後、文部科学大臣指定の学校、または厚生労働大臣指定の作業療法士養成校において3年以上専門知識や技能を修得したのち、年に1回実施される作業療法士試験に合格することが必要です。養成校には、4年制の大学、3年制の短期大学と専門学校などがあります。

＜受験資格＞

①作業療法士養成学校または、養成施設で3年以上修学し、必要な知識や技術を修得していること。
②理学療法士の資格を持っている場合は、文部科学大臣指定校または厚生

■ 作業療法士資格取得ルート

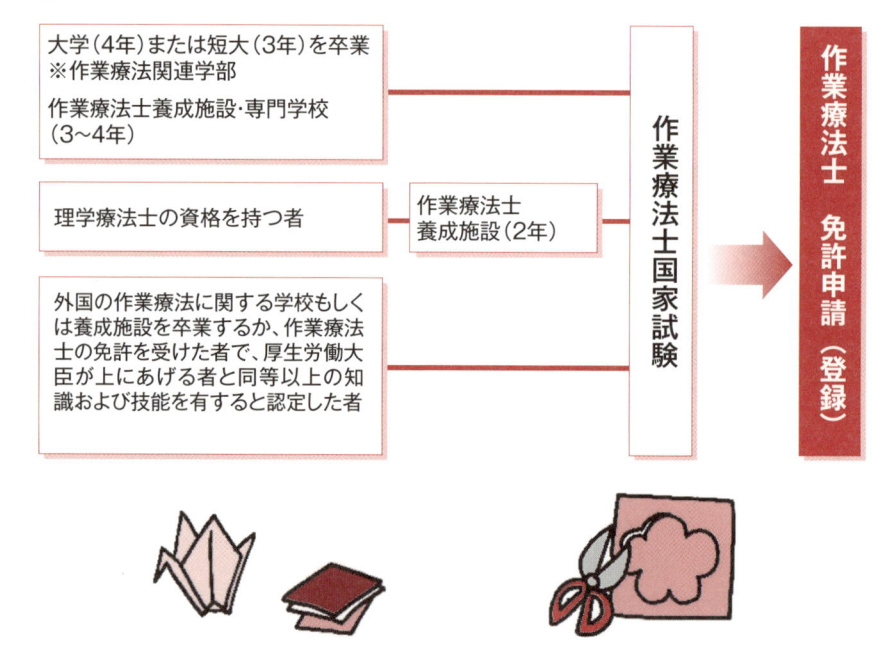

```
[大学(4年)または短大(3年)を卒業
 ※作業療法関連学部
 作業療法士養成施設・専門学校
 (3～4年)] ─┐
            ├─→ [作業療法士国家試験] ─→ [作業療法士 免許申請(登録)]
[理学療法士の資格を持つ者] ─ [作業療法士養成施設(2年)] ─┤
            │
[外国の作業療法に関する学校もしくは養成施設を卒業するか、作業療法士の免許を受けた者で、厚生労働大臣が上にあげる者と同等以上の知識および技能を有すると認定した者] ─┘
```

第3章 福祉・介護の資格ガイド

■試験スケジュール
　■申込期間　12月中旬～1月上旬
　■試験日　　筆記：2月下旬
　　　　　　　口述・実技：2月下旬
　■試験地　　筆記：全国8カ所（北海道、宮城、東京、愛知、大阪、香川、福岡、沖縄）
　　　　　　　口述・実技：東京
　■合格発表日　3月下旬
　※口述・実技は点字受験者のみ

■試験のデータ
　■受験手続　試験地を管轄する地方厚生局または地方厚生支局に必要書類を提出すること
　■必要書類　受験願書／写真1枚／返信用封筒／受験資格を証明する書類（修業証明書もしくは修業見込証明書等）
　■受験料　　10,100円（2013年度）

■問い合わせ先
　作業療法士国家試験臨時事務所
　〒103-0027　東京都中央区日本橋1-20-5
　TEL：03-5200-5859

労働大臣指定の養成学校で2年以上の作業療法士の知識や技術を修得していること。

③外国の作業療法に関する学校、もしくは養成施設を卒業するか、外国で作業療法士の免許に相当する免許を受けた者で、厚生労働大臣が②にあげる者と同等以上の知識および技能を有すると認定したもの。

＜試験科目＞

（1）筆記試験

一般問題

　解剖学、生理学、運動学、病理学概論、臨床心理学、リハビリテーション医学（リハビリテーション概論を含む）、臨床医学大要（人間発達学を含む）および作業療法

（2）実地問題

　運動学、臨床心理学、リハビリテーション医学、臨床医学大要（人間発達学を含む）および作業療法

＜口述試験および実技試験＞

　点字試験受験者に対して、実地問題に代えて次の科目について行います。

　運動学、臨床心理学、リハビリテーション医学、臨床医学大要（人間発達学を含む）および作業療法

義肢装具士

日本義肢装具士協会
http://www.japo.jp/

Q1 どんな仕事？

　義肢装具士は、1987年に義肢装具士法によって制定された国家資格です。義肢装具とは、事故や病気などで手足を失った人のために、失われた身体機能を補うよう製作された人工の手足のこと。それぞれの生活状況やニーズに応じて作られます。義肢装具士は、採型・採寸を行い、使用者の身体と適合するよう製作する専門職です。

　病院やリハビリ施設などに出向き、医師の指導のもと、患者さんに合った用具を製作していきます。肉体の一部を製作するわけですから、使用者への心配りはもちろん、技術的にも高度なものが求められます。使用者の回復を援助する仕事という意味で、義肢装具士は、リハビリチームの重要な一員といえるでしょう。

　義肢のパーツは年々進歩しており、コンピュータ制御など高精度な技術を取り入れた研究開発も進んでいます。日々進歩する技術を義肢装具に生かすのも重要な仕事です。

Q2 どんな職場があるの？

　医療・福祉に関連する職業のなかで、義肢装具士は特殊な業務形態をとる職種です。

　大半が医療機関に属さず、民間の義肢装具製作施設に所属しています。そこから契約している病院や施設等に出向き業務を行うのが一般的です。

Q3 雇用形態と初任給は？

　主な就職先は民間の義肢製作会社。この場合の初任給はおよそ16万円以上とされていますが、会社の規模や経営状態によってまちまちです。

Q4 将来性は？

　最近では、障害者の社会参加の促進やスポーツ参加の増加もあり、義肢装具の技術向上がめざましい状況にあります。研究開発もさかんに行われているうえ、使用目的の多様化もみられる

第3章 福祉・介護の資格ガイド

■試験のデータ
　■申込期間　　　1月上旬～1月下旬
　■試験日　　　　2月下旬
　■試験地　　　　東京
　■試験科目　　　学科試験
　■合格発表日　　3月下旬
　■受験料　　　　59,800円（2013年度）

■問い合わせ先
　公益財団法人テクノエイド協会　試験研修部
　〒162-0823　東京都新宿区神楽河岸1-1　セントラルプラザ4F
　TEL：03-3266-6882
　URL：http://www.techno-aids.or.jp/

ため、有資格者の増加が期待される職種といえるでしょう。

また、これまでは民間の製作会社からの求人が主でしたが、患者さんとのコミュニケーションや医師との入念なミーティングが必要不可欠な仕事なので、今後は病院や施設からの求人も増えそうです。

Q5 義肢装具士になるには？

義肢装具士は国家資格。受験資格は、大学受験資格がある者で、文部科学大臣の指定した学校または厚生労働大臣が指定した「義肢装具士養成所」において、3年以上義肢装具士として必要な知識および技能を修得していること。

学科試験の内容は、

①臨床医学大要（臨床神経学、整形外科学、リハビリテーション医学、理学療法・作業療法、臨床心理学および関係法規を含む）
②義肢装具工学（図学・製図学、機構学、制御工学、システム工学、リハビリテーション工学）
③義肢装具材料学（義肢装具材料力学を含む）
④義肢装具生体力学
⑤義肢装具採型・採寸学
⑥義肢装具適合学

試験の合格率は、第26回試験（2012年度）が受験者243人・合格者209人で86.0％、第25回が受験者223人・合格者179人で80.3％と、養成学校でしっかり勉強していれば、8割以上の人が合格できるラインになっています。

義肢装具士

義肢装具士の養成校

北海道工業大学　医療工学部　義肢装具学科
〒006-8585　北海道札幌市手稲区前田7条15－4－1
TEL：011－681－2161

北海道ハイテクノロジー専門学校　義肢装具士学科
〒061-1396　北海道恵庭市恵み野北2－12－1
TEL：0123－37－7777

人間総合科学大学　保健医療学部　リハビリテーション学科　義肢装具学専攻
〒339-8555　埼玉県さいたま市岩槻区太田字新正寺曲輪354－3
TEL：048－758－7111

国立障害者リハビリテーションセンター学院　義肢装具学科
〒359-0042　埼玉県所沢市並木4－1
TEL：0429－95－3100

西武学園医学技術専門学校　義肢装具学科
〒169-0073　東京都新宿区百人町2－5－9
TEL：03－3360－6217

新潟医療福祉大学　義肢装具自立支援学科
〒950-3198　新潟県新潟市島見町1398番地
TEL：025－257－4455

日本聴能言語福祉学院　義肢装具学科
〒453-0023　愛知県名古屋市中村区若宮町2－14
TEL：052－482－8788

神戸医療福祉専門学校　三田校　義肢装具士科
〒669-1313　兵庫県三田市福島字宮野前501－85
TEL：0795－63－1222

広島国際大学　総合リハビリテーション学部　リハビリテーション支援学科　義肢装具士学専攻
〒739-2695　広島県東広島市黒瀬学園台555－36
TEL：0120－55－1659

熊本総合医療リハビリテーション学院　義肢装具学科
〒862-0930　熊本県熊本市小山町920－2
TEL：096－380－0033

臨床心理士

日本臨床心理士会
http://www.jsccp.jp/

Q1 どんな仕事？

臨床心理士とは、一般には「カウンセラー」や「セラピスト」などと呼ばれる心理職のうち、臨床心理学を学問的な基盤とし、心に問題を抱えた人を解決に導く心理学の専門家で、昨今では、「スクールカウンセラー」としてなじみ深いかもしれません。

1988年に「日本臨床心理士資格認定協会」が設立され、心理職に資格が与えられるようになり、現在では約2万人以上の臨床心理士がさまざまな現場で働いています。

臨床心理士の仕事は、面接、観察、心理テストを用いて、その人の性格的特徴や、どこに問題があるのかを明らかにし、どのような方法で問題解決のための援助を行うかを検討するところから始まります。その後、精神分析や家族療法、夢分析や行動療法などの臨床心理学的技法を駆使して、心の問題の改善を図ります。

また、心理的問題においては、学校や職場、地域社会に働きかけて、心の環境調整を図ることも必要となります。そのため、個人のプライバシー保護に対する配慮も必要です。臨床心理士は、福祉の充実だけでなく、社会的道義を守るために「臨床心理士倫理綱領」を遵守する義務を負った非常に高度な専門職なのです。

基本的な資質としては、相手の個性を受け入れることができる寛容さや柔軟性、相手を客観的に観察する力や分析力が必要です。

Q2 どんな職場があるの？

教育機関ではスクールカウンセラーとして、医療機関では主に精神科系が職場です。福祉関連施設では婦人保護施設（☞100ページ）や母子施設（☞98ページ）、精神障害者生活訓練施設（☞114ページ）などで、他に鑑別所や刑務所などの司法・矯正にかかわる機関、一般企業があります。

Q3 雇用形態と初任給は？

公立の児童福祉施設などの福祉関連の施設では公務員として働くことになります。病院の精神科に勤めた場合の初任給の目安は、約18万円前後が多いようです。

Q4 将来性は？

まだ新しい資格という印象があるうえ、国家資格でもありませんが、心理関係の資格が少ないため、臨床心理士をめざす人は多くいます。ただ、職場に限っていえば、公務員や病院勤務以外は、スクールカウンセラーといえども非常勤で、身分が保証されるわけではありませんし、どの仕事でも「資格を持っていることが望ましい」という程度です。こと仕事に関しては、まだ未整備の部分も多いようです。

しかし、近年増加するいじめや不登校など青少年にかかわる問題や、うつ、自殺などの社会問題には、心理分野の専門家の知識や技術に大きな期待が寄せられています。

Q5 臨床心理士になるには？

臨床心理士になるには、公益財団法人日本臨床心理士資格認定協会が認可する第1種指定大学院を修了して受験資格取得のための条件を満たす、同様に第2種指定大学院を修了後、1年以

■ 臨床心理士資格取得ルート（主なもの）

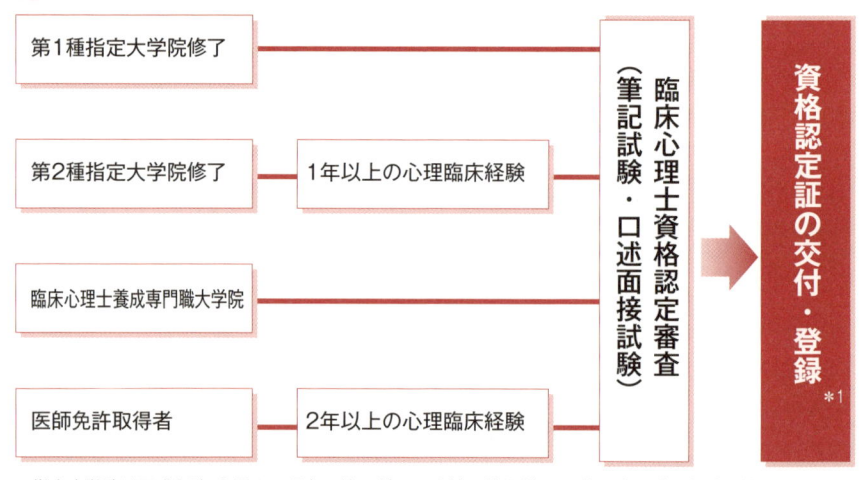

取得ルート	経験	審査	認定
第1種指定大学院修了		臨床心理士資格認定審査（筆記試験・口述面接試験）	資格認定証の交付・登録 *1
第2種指定大学院修了	1年以上の心理臨床経験		
臨床心理士養成専門職大学院			
医師免許取得者	2年以上の心理臨床経験		

・指定大学院は平成25年8月1日現在、第1種は150校、第2種は12校、専門職大学院6校となっている

*1　臨床心理士は終身資格ではなく、5年ごとの更新制。

■試験のデータ
■申込期間　　7～9月
■試験日　　　筆記試験：10月上旬
　　　　　　　口述面接試験：11月中旬
■合格発表　　12月下旬
■試験地　　　東京
■受験料　　　30,000円（登録料50,000円）（2012年度）

■問い合わせ先
公益財団法人 日本臨床心理士資格認定協会
〒113-0033　東京都文京区本郷2-40-14 山崎ビル7階
TEL：03-3817-0020
URL：http://www.fjcbcp.or.jp/

上の心理臨床経験を含む所定条件を満たす、または大学院（専門職大学院）で臨床心理学またはそれに準ずる心理臨床に関する分野を専攻する専門職学位課程を修了する、などの方法があります。また、医師免許取得者で2年以上の心理臨床経験がある人も受験資格を有する人も対象となります。

試験は、筆記・論文・口述に分けて実施されます。

＜筆記試験（一次試験）＞
100題の設問（多肢選択法、マークシート方式）と、定められた字数の範囲内で論述する小論文の2種類です。

＜口述面接試験（二次試験）＞
多肢選択法（マークシート）による筆記試験の成績が一定の水準に達している人に対してのみ実施され、2名の面接委員により実施されます。専門知識や技術だけでなく、心理士としての基本的な姿勢や人間関係の能力が問われることになります。

＜審査＞
審査は筆記試験（マークシート・小論文）および口述面接試験の結果を総合的に判断して行われます。

合格率は、2012年が受験者2812人・合格者1663人で、59.1％、2011年が受験者2740人・合格者1661人で60.6％と、ほぼ60％程度になっています。

この試験に合格したのちも、5年ごとに資格の更新が行われ、学会活動や認定協会主催の研修会への参加などがポイントとして評価されます。最低15ポイント取得することが更新の条件とされています。

臨床心理士

言語聴覚士

日本言語聴覚士協会
http://www.jaslht.or.jp/

Q1 どんな仕事？

　言語聴覚士は、かつては言語療法士と称され、「臨床言語士」、「医療言語聴覚士」などの名称でいくつかの団体が認定していた資格ですが、1997年12月に言語聴覚士法が制定され、「言語聴覚士の名称を用いて、音声機能、言語機能または聴覚に障害のある者についてその機能の維持向上を図るため、言語訓練その他の訓練、これに必要な検査および助言、指導その他の援助を行うことを業とする者」として国家資格になりました。

　何らかの原因で言語障害や難聴、失語症、言葉の発達の遅れなど、言語・聴覚の障害を持つ人に対して、機能回復や発達促進を図るための専門的な訓練・検査・指導・助言を行うのが主な仕事です。まず、機能障害から生じるコミュニケーション障害の程度を評価し、適切なリハビリテーションプログラムを作成することから始まります。

　専門的な知識や技術はもちろん必要ですが、緻密な観察力、思うように表現できない人の気持ちを受け止めることのできる豊かな人間性や想像力、そうした思いを上手に引き出す力が求められます。また、問題解決には長い時間が費やされるため、粘り強さや柔軟性、周囲との協調性も必要とされるでしょう。言語によるコミュニケーションに障害を持った人を対象とする職業なので、どんな状況であっても気持ちに余裕を持てる強い精神力の持ち主が適しているといえます。

Q2 どんな職場があるの？具体的な仕事内容は？

　リハビリテーション科、耳鼻咽喉科を中心とした病院などの医療機関、難聴幼児通園施設、聴覚・言語障害者更生施設（☞106ページ）、重症心身障害児施設（☞93ページ）などの福祉施設などが主な職場です。

　その他、保健所、リハビリテーションセンター、介護老人保健施設（☞61

第3章 福祉・介護の資格ガイド

■試験スケジュール
■申込期間　　11月中旬～12月上旬
■試験日　　　2月中旬
■試験地　　　全国6カ所（北海道、東京、愛知、大阪、広島、福岡）
■合格発表日　3月下旬

■試験のデータ
■受験手続　　財団法人医療研修推進財団に必要書類を提出すること
■必要書類　　受験願書／写真1枚／返信用封筒／受験資格を証明する書類
　　　　　　　（修業証明書もしくは修業見込証明書等、受験資格によって異なる）
■受験料　　　34,000円（2013年度）

■問い合わせ先
公益財団法人医療研修推進財団
〒105-0001　東京都港区虎ノ門1-22-14　ミツヤ虎ノ門ビル4F
TEL：03-3501-6515
URL：http://www.pmet.or.jp/

ページ）、訪問看護ステーション（☞74ページ）、児童福祉施設などもあげられます。

また、小学校・中学校のことばの教室（難聴学級）などの教育機関でも活躍が期待されるほか、補聴器メーカーなどの一般企業での需要もあります。

Q3 雇用形態と初任給は？

言語聴覚士の仕事は、常勤での勤務がほとんどです。初任給は月額18万円～22万円と大卒の一般職とほぼ同額といわれています。非常勤の場合は時給計算で平均1500円前後のようです。

医療機関に勤務した場合、診療日・診療時間に勤務することとなるため、残業があっても比較的規則正しい勤務が可能です。

Q4 将来性は？

1997年に国家資格となって以来、医療分野を中心に活躍の場は増えてはいるものの、まだ現状としては職場が少ない状況です。また、理学療法士（☞140ページ）や作業療法士（☞143ページ）と比較すると、歴史も浅いため、求人も比較的少ないのが実情です。

しかし、高齢者の口の中をマッサージして、誤嚥（食べ物などが誤って気道に入ってしまうこと）防止に努める

言語聴覚士

など、これまでと違う仕事のあり方も登場し、今後さらに仕事の幅は広がりそうです。

Q5 言語聴覚士になるには？

高校卒業後、大学、短大、養成所などで言語聴覚士として必要な知識および技能を修得し、国家試験を受験して合格することが必要です。

＜受験資格＞

①高校卒業後、言語聴覚士養成学校または養成施設において、3年以上言語聴覚療法の知識や技術を修得すること。

②4年制大学または3年制短大で必要な知識と技術を取得すること。

③一般の大学を修行し、専修学校で2年以上、必要な知識と技術を習得すること。

④海外で言語聴覚士法の学校を卒業したか、免許を取得した人は、厚生労働大臣から日本の養成学校で学んだものと同等の技術があるとの認定を受けること。

1999年の第1回国家試験以来、14回の試験が行われており、2012年度（第15回試験）では受験者2381人、合格者1621人で、合格率は68.1％です。2013年4月時点では全国で2万1994人の言語聴覚士が活躍しています。

言語聴覚士資格取得ルート（主なもの）

- 言語聴覚士養成所（3年または4年） → 言語聴覚士国家試験 → 言語聴覚士
- 4年制大学・3年制短大等で必要な技能を取得 → 言語聴覚士国家試験 → 言語聴覚士
- 一般の大学卒業者 → 指定養成所等2年以上 → 言語聴覚士国家試験 → 言語聴覚士
- 外国の言語聴覚士法の学校を卒業など → 厚生労働大臣の認定 → 言語聴覚士国家試験 → 言語聴覚士

… 第3章 福祉・介護の資格ガイド

盲導犬訓練士

全国盲導犬施設連合会
http://www.gd-rengokai.jp/

Q1 どんな仕事？

　一般的に「盲導犬訓練士」と言われてますが、「盲導犬歩行指導員」が正確な名称です。道路交通法では、視覚障害者は白い杖を持つか盲導犬を連れていなければならないと定められています。しかし、その盲導犬を訓練し、育成する盲導犬訓練士は個人に付与される資格ではなく、国家公安委員会により指定された法人（盲導犬訓練施設。全国で9法人〈☞157ページ〉）に所属することで与えられる資格です。

　盲導犬訓練士の仕事は犬を盲導犬として訓練することと、視覚障害者が盲導犬を連れて一般の道路を歩行できるように歩行訓練することの2つがあります。つい犬を訓練することに目が向かいがちですが、視覚障害者が実際に盲導犬をパートナーとして安全に歩行するための訓練もまた、非常に大切なことなのです。

　盲導犬訓練施設に所属後3年間は研修生として、犬の訓練技術、犬に関する知識、視覚障害者に関する知識や歩行技術、盲導犬に関する知識と技術などを学びます。その後2年間、盲導犬訓練士として業務にあたり、所属の協会の指導と監督のもと、20頭以上の犬の訓練と6例以上の歩行指導の経験実績をあげる必要があります。訓練技術、専門知識、経験事例が水準に達すると、盲導犬歩行指導員として認定されます。

　ただ犬が好きだというだけでは続かない仕事で、現実に全国で盲導犬訓練士として働いているのは数十人。3年の研修期間をすべて修了できるのは少数です。それだけ厳しい仕事ですが、人気は高く希望者も増えています。このようなことも考慮されてか、2004年より盲導犬訓練士を養成する学校が設立されています。

Q2 どんな職場があるの？

　盲導犬訓練士として働ける法人は、国家公安委員会が指定した全国に9カ

所ある育成団体となります。

Q3 雇用形態と初任給は？

育成団体での勤務で、研修中でも給与、通勤手当、社会保険も適用となります。初任給は各協会によって多少ちがいますが、ほかの福祉職にくらべて低いレベルです。平均的な初任給は15万円前後とされています。

Q4 将来性は？

入った当初から、研修生とはいえ、戦力として期待されるこの仕事は、挫折する人が多いのが現状です。訓練士や育成センターの不足、他の福祉関連の仕事と比較した場合の低い給与水準も、今後改善が急がれる課題です。

しかし、この仕事を希望する人の数は大変多く、また社会のニーズも今後ますます高まっていくと思われることから、現在では育成カリキュラムの整備に力を入れるところも増えています。

Q5 盲導犬訓練士になるには？

盲導犬訓練士になるためには、盲導犬訓練施設に実習生または研修生などとして採用されることが第一歩です。この他に、2004年より日本初の盲導犬訓練士養成学校（基礎課2年・専修課1年）も開設されており、筆記試験・論文・レポート・面接に合格すると「盲導犬訓練士」として認定されます。

養成学校の募集人員は10名程度で、高校卒業程度の学力があること、年齢は30歳まで、心身ともに健康であることが条件です（2013年時点で新たな学生募集を一旦休止しています）。日本盲導犬協会では、この学校の卒業生から盲導犬訓練士を採用する方向です。どの施設も寄付金などに運営の多くを負っており、施設数や募集人数は少なく、かなりの倍率です。採用試験は作文、レポート、面接、小テスト、一般常識など。採用状況や条件は施設によって異なります。

【盲導犬訓練施設一覧】

①公益財団法人北海道盲導犬協会
〒005-0030
札幌市南区南30条西8-1-1
TEL：011-582-8222
http://www.h-guidedog.org/

②公益財団法人東日本盲導犬協会
〒321-0342
宇都宮市福岡町1285
TEL：028-652-3883
http://www.guide-dog.jp

③公益財団法人日本盲導犬協会
東京本部
〒150-0045
渋谷区神泉町21-3-3F
TEL：03-5452-1266
http://www.moudouken.net
日本盲導犬総合センター
〒418-0102
富士宮市人穴381
TEL：0544-29-1010
神奈川訓練センター
〒223-0056
横浜市港北区新吉田町6001-9
TEL：045-590-1595
仙台訓練センター
〒982-0263
仙台市青葉区茂庭字松倉12-2
TEL：022-226-3910
島根あさひ訓練センター
〒697-0426
浜田市旭町丸原155-15
TEL：0855-45-8311

④公益財団法人アイメイト協会
〒177-0051
練馬区関町北5-8-7
TEL：03-3920-6162
http://www.eyemate.org/

⑤社会福祉法人中部盲導犬協会
〒455-0066
名古屋市港区寛政町3-41-1
TEL：052-661-3111
http://www.chubu-moudouken.jp

⑥公益財団法人関西盲導犬協会
〒621-0027
亀岡市曽我部町犬飼未ヶ谷18-2
TEL：0771-24-0323
http://www.kansai-guidedog.jp/

⑦社会福祉法人日本ライトハウス
法人本部
〒538-0042
大阪市鶴見区今津中2-4-37
TEL：06-6961-5521
http://www.lighthouse.or.jp
盲導犬訓練所
〒585-0055
南河内郡千早赤阪村東阪1202
TEL：0721-72-0914

⑧社会福祉法人兵庫盲導犬協会
〒651-2212
神戸市西区押部谷町押部24
TEL：078-995-3481
http://www.moudouken.org/

⑨公益財団法人九州盲導犬協会
事務局
〒810-0062
福岡市中央区荒戸3-3-39
　　福岡市市民福祉プラザ内
TEL：092-714-3169
http://www.fgda.or.jp/
総合訓練センター
〒819-1122
糸島市東702-1
TEL：092-324-3169

手話通訳士

日本手話通訳士協会
http://www.jasli.jp/

Q1 どんな仕事？

聴覚障害者が自分の意思を相手に伝えるための手段として「手話」がありますが、手話通訳士とは、この手話を音声言語に訳して健常者へ伝える仕事です。手話通訳士は聴覚障害者と健常者の双方の意見を知りうる者として、両者のコミュニケーションを助ける重要な役割を担っています。公正な態度はもちろんのこと、高い理解力と技能が必要とされる職業です。かつてはボランティアに頼っていた手話通訳ですが、現在ではその専門的知識と技能を保証するため、厚生労働省により手話通訳技能認定試験（手話通訳士試験）が実施されています。

手話は聴覚障害者の年齢や住んでいる地域により動作が異なるため、臨機応変な対応ができる幅広い知識と理解力、そして柔軟さが求められます。また瞬時に判断して通訳しなければならないため、集中力と体力も必要。聴覚障害者が安心して生活を営み、積極的に社会参加をしていくための掛け橋となる仕事です。

Q2 どんな職場があるの？

行政機関が、窓口業務を担当する手話通訳者を募集するときに、手話通訳士の資格を持っていることを条件にするところが増えてきました。

また、手話通訳者を派遣している事務所が地域にあり、裁判などの公の場面に手話通訳をする人を派遣する際には、手話通訳士有資格者とするところもあります。しかし、まだまだボランティアが視覚障害者を支えている部分が多く、仕事として身分が保証される場面は少ないようです。

手話通訳士が活躍している福祉施設には、障害者更生施設（☞106ページ）や視聴覚障害者情報提供施設などがあります。

Q3 雇用形態と初任給は？

前述したように、手話通訳士は現状

■試験のデータ
　■申込期間　　　５月上旬～６月下旬
　■試験日　　　　学科試験（一次試験）　10月上旬
　　　　　　　　　実技試験（二次試験）　10月上旬
　■試験地　　　　東京、大阪、熊本
　■合格発表　　　１月下旬
　■受験料　　　　18,000円（2013年）

■問い合わせ先
　社会福祉法人聴力障害者情報文化センター公益支援部門
　〒153-0053　東京都目黒区五本木1-8-3
　TEL：03-6833-5003
　URL：http://www.jyoubun-center.or.jp/

においては、まだ職業として完全には確立していません。活躍の場としては、地域の手話通訳者の派遣事務所、行政機関からの派遣要請に従って時給労働など、非常勤で働くケースが主です。

単発で仕事を請け負った場合の時給は、およそ1500円～2000円程度のようです。

Q4　将来性は？

手話通訳士の資格認定が実施されて以降、行政機関が募集する際、手話通訳士資格を有していることを条件にしているケースも増えてきています。

また、手話通訳者の派遣事務所では、裁判などのように通訳が非常にむずかしい場面には、手話通訳士有資格者を派遣するところも多く、この資格を持つ人が高度な手話通訳者であることを示しています。

全国的にみると非常勤の身分の人が多く、労働条件のよい環境とはいいがたいなかで手話通訳業務を行っているのが現状です。

しかし、自治体や福祉施設をはじめ企業の窓口、会議や講演会、選挙の際の政見放送、裁判などさまざまな領域で手話通訳のニーズが高まり、活躍の場は広がりつつあります。キャリアを積めば施設の常任スタッフや手話スクールの講師など、安定した収入の道を開くことも可能です。

Q5　手話通訳士になるには？

手話通訳士は厚生労働大臣の認定する公的資格。資格を取得するためには、

年1回実施される手話通訳士試験に合格しなければなりません。

試験は聴覚障害者情報文化センターが実施しており、受験資格は20歳以上の者とされています。なお、目安としては、手話通訳経験が最低3年程度は必要のようです。現在、同センターには、約2600名が手話通訳士として登録されています。

手話通訳士試験の内容は次のようになっています。

<学科（一次試験）>
・障害者福祉の基礎知識
・聴覚障害者に関する基礎知識
・手話通訳のあり方
・国語

<実技（二次試験）>
・聞き取り通訳試験（2問）
・読み取り通訳試験（2問）

一次試験の合格基準は、

①すべての科目において得点があり、かつ4科目の総合得点の60％程度を基準として、必要に応じて問題の難易度で補正した点数以上の得点を得た者

②①を満たした者のうち、国語の科目において、60％以上の得点を得た者

となっています。

健康運動指導士

NPO法人日本健康運動指導士会
http://www.jafias.net/

Q1 どんな仕事？

　健康運動指導士とは、1988年から厚生労働省の認定事業として、国民の健康づくりに寄与するために養成された指導者（コーチ）です。

　平均寿命が延びるとともに、動脈硬化や心臓病、高血圧などの生活習慣病や成人病などは増える一方です。その原因のひとつとして挙げられるのが、運動不足です。健康運動指導士は、こういった病気を未然に防ぎ、健康を維持するために必要な運動プログラムを作成し、指導する専門家です。

　また、健康運動指導士には、安全で効率的な運動プログラムを作成する能力はもとより、指導に必要な医学や運動生理学の基礎的な知識や、高齢者に適切なアドバイスができるようなコミュニケーション力、そして相応の体力が必要です。

　2013年1月1日現在、全国で1万6278人の健康運動指導士が、フィットネスクラブや医療施設などで活躍しています。

Q2 どんな職場があるの？

　スポーツジム、フィットネスクラブ、医療機関などだけでなく、介護老人保健施設（☞61ページ）、老人デイサービスセンター（☞71ページ）などの高齢者を対象とした施設でも働いています。

Q3 雇用形態と初任給は？

　民間の運動施設や医療施設などに正社員として雇用されるケースと、パートタイムで勤務するケースによって給与はまちまちです。

　それぞれ勤務するところの規定に従いますが、平均的な初任給は約18万円～20万円。資格手当が支給される場合は、給与プラス約2万円が相場です。

Q4 将来性は？

　平均寿命が延びたことにより、高齢化が進むなか、スポーツジムなどの運

動施設や保健所、病院等において、病気予防や健康維持をめざす人たちの健康づくりをサポートする役割は非常に大きいものといえます。

また、政府はさらに健康運動指導士の数を増やそうとしており、厚生労働省認定の「健康・体力づくり事業財団」は、2007年度から、4年制体育系大学で健康運動指導士を養成する方針を決定するなど、健康運動指導士の養成カリキュラム、資格取得方法等、大幅な見直しを実施しました。この新たな制度は、体育系大学生の就職支援にもつながると期待されています。

予防介護に重点が置かれる方向にある現在、健康運動指導士の役割は今後さらに重視されていくでしょう。

Q5 健康運動指導士になるには？

この資格を取得するには、公益財団法人健康・体力づくり事業財団（以下、当財団）が開催する養成講習会を受講するか、健康運動指導士養成校の養成講座を修了し、双方とも健康運動指導士認定試験に合格したうえで、健康運動指導士台帳に登録される必要があります（講習会、養成校の認定、認定試験、登録いずれも同財団が実施）。

講習は、健康管理概論、運動生理学、生活習慣病予防など、実習では運動負荷試験実習、健康づくり理論と実際など、合わせて96単位を履修し、試験はこの内容にそって出題されます。

講習の開催地は、東京、埼玉、福岡、

■問い合わせ先
<資格・講習会について>
　公益財団法人健康・体力づくり事業財団
　　〒105-0021　東京都港区東新橋2-6-10　大東京ビル7階
　　TEL：03-6430-9111
　　URL：http://www.health-net.or.jp/

<更新講習会等について>
　財団法人日本健康スポーツ連盟
　　〒101-0063　東京都千代田区神田淡路町2-9-11　東酒類ビル5階
　　TEL：03-5256-1861
　　URL：http://www.kenspo.or.jp/

大阪、仙台、愛知の6都市です。

　受講資格条件は次のようになっており、保持している資格によって、受講単位数が異なります。

<120単位コース>

① 保健医療系国家資格（歯科医師、看護師、准看護師、助産師、薬剤師、栄養士、あん摩マッサージ指圧師、はり師、きゅう師、柔道整復師、理学療法士、作業療法士、臨床検査技師）を有する者で、大学（修業年限4年以上）卒業者

② ①と同等以上の能力を有すると当財団が特別に認定する者

<59単位コース>

③ 保健師または管理栄養士の資格を有している者

<32単位コース>

④ 4年制体育大学（教育学部体育学系を含む）卒業者（卒業見込みを含む）

⑤ 健康運動実践指導者の称号を有する者

⑥ 日本体育協会認定資格（スポーツプログラマー、アスレテックトレーナー、フィットネストレーナー）、日本フィットネス協会認定資格（ADE〈エアロビックダンスエクササイズエグザミナー〉、ADD〈エアロビックダンスエクササイズディレクター〉、AQE〈アクアエクササイズエグザミナー〉、AQS〈アクアエクササイズスペシャリスト〉）を有している者

※③～⑥は120単位コースも受講可

健康運動指導士

精神保健福祉士

社団法人精神保健福祉士協会
http://www.japsw.or.jp/

Q1 どんな仕事？

　精神保健福祉士は、以前は「ソーシャルワーカー（PSW）」の名称で相談業務にあたってきましたが、1998年4月から国家資格として、精神保健福祉士の制度がスタートしました。

　精神保健福祉士は、精神障害者の保健や福祉についての専門知識・技術に基づき、精神障害者の社会復帰についての相談援助を行う専門職です。

　医療機関に勤務する場合は、相談室などでの相談活動が中心となります。相談内容は、受診や入院に関する事柄から、療養中の経済的な問題や心配事、社会復帰に関することまで、多岐にわたります。相手とのコミュニケーションを通して、その人の問題解決のための援助・支援を行うのが仕事です。

　医師や看護スタッフ、リハビリスタッフや作業療法士といった現場の人々との連携も大切です。

　デイケアなどでは、グループワーカーとして利用者とともに活動します。

　また、グループホームや各種施設などでは、利用者や入居者の主体性を尊重し、生活全般にわたって支援をします。精神保健福祉士は利用者のごくプライベートな相談事にものる仕事ですので、高い人権意識が求められます。

Q2 どんな職場があるの？

　職場には、大きく分けて精神病院その他の医療施設、保健所等の医療分野と、社会福祉分野の2つに分けられます。

　福祉施設では、障害者更正施設（☞106ページ）、精神障害者生活訓練施設（☞114ページ）、障害者授産施設（☞116ページ）、福祉ホーム（☞104ページ）、地域活動支援センター（☞104ページ）などです。

Q3 雇用形態と初任給は？

　病院などに就職した場合の初任給の目安は、およそ16万円～20万円。雇用

■試験のデータ
　■申込期間　　　9月上旬～10月上旬
　■試験日　　　　1月下旬
　■試験地　　　　北海道、宮城県、東京都、愛知県、大阪府、広島県、福岡県
　■受験料　　　　精神保健福祉士のみ：13,250円（2013年度）
　　　　　　　　　精神保健福祉士の共通科目免除の場合：10,560円（2013年度）

■問い合わせ先
　財団法人社会福祉振興・試験センター
　〒150-0002　東京都渋谷区渋谷1-5-6
　TEL：03-3486-7521
　試験案内専用電話番号：03-3486-7559

形態は常勤職員が多いようですが、職場によっては非常勤職員として勤務するケースもあります。

また夜勤や宿直などがある場合には手当がつきます。

Q4 将来性は？

高ストレス社会といわれる現代。人々の精神保健保持を手助けするために、医療・保健・福祉の領域での精神保健福祉士の役割は、今後もますます重要になっていくと考えられます。

精神に障害を持つ人やその家族の生活上の悩みの相談にのり、社会復帰に関する助言、指導を行うだけでなく、日常生活への適応に必要な訓練の実施、関係機関との連絡調整、各種給付制度の案内など、その仕事の領域はどんどん広がる傾向にあり、福祉の分野においてだけでも、この仕事の重要性や価値は高いものです。

Q5 精神保健福祉士になるには？

精神保健福祉士の国家資格が必要となります。

国家試験の受験には、保健福祉系大学で指定科目を履修して卒業するか、あるいは最終学歴に応じて所定の実務経験や、指定の養成施設で学ばなければなりません。

一般の大学卒業者の場合、精神保健福祉士養成施設（専門学校）で1年以上学べば、精神保健福祉士の国家試験を受験できます。通信教育課程を開設している学校も増えてきています。

＜受験資格＞

①保健福祉系大学等で指定科目を修了し、卒業した者。
②保健福祉系短大で指定科目を修了し、卒業後に実務経験を積んだ者（3年制短大は実務1年、2年制短大の場合は実務経験1年が必要）。
③福祉系大学で基礎科目を修了して卒業した者・福祉系短大で基礎科目を修了し卒業後に一定の実務経験を積んだ者・社会福祉士の資格保持者のうちのいずれかに該当し、6カ月間の短期養成施設を修了した者。
④一般大学卒業者・一般短期大学卒業後に一定の実務経験を積んだ者・4年間の相談援助実務経験がある者のいずれかに該当し、1年間の一般養成施設を修了した者。

＜試験科目＞

①精神医学、②精神保健学、③精神科リハビリテーション学、④精神保健福祉論、⑤精神保健福祉援助技術、⑥社会福祉原論、⑦社会保障論、⑧公的扶助論、⑨地域福祉論、⑩心理学、⑪社会学、⑫法学、⑬医学一般（全科目筆記試験のみ）。

社会福祉士の資格を持っている人は、申請すれば試験科目⑥～⑬が免除されることになっています。

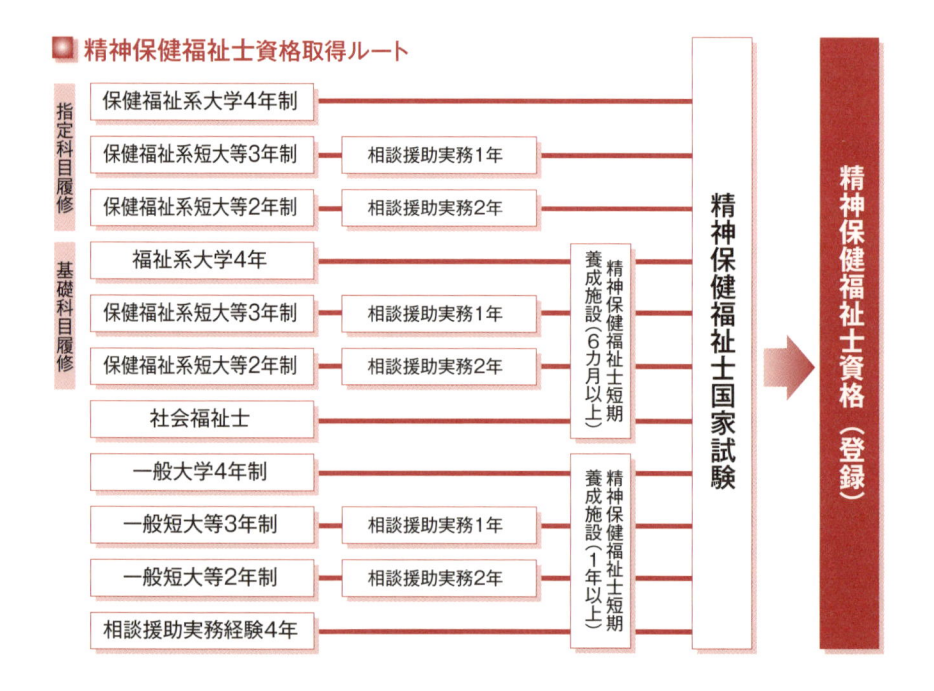

■ 精神保健福祉士資格取得ルート

区分	学歴・資格	実務	養成施設	試験	登録
指定科目履修	保健福祉系大学4年制			精神保健福祉士国家試験	精神保健福祉士資格（登録）
	保健福祉系短大等3年制	相談援助実務1年			
	保健福祉系短大等2年制	相談援助実務2年			
基礎科目履修	福祉系大学4年		精神保健福祉士短期養成施設（6カ月以上）		
	保健福祉系短大等3年制	相談援助実務1年			
	保健福祉系短大等2年制	相談援助実務2年			
	社会福祉士				
	一般大学4年制		精神保健福祉士短期養成施設（1年以上）		
	一般短大等3年制	相談援助実務1年			
	一般短大等2年制	相談援助実務2年			
	相談援助実務経験4年				

音楽療法士

日本音楽療法学会
http://www.jmta.jp/

Q1 どんな仕事？

　音楽療法とは、音楽のもつ生理的、心理的、社会的働きを用いて、心身の障害の回復、身体機能の維持と改善、生活の質の向上、行動の変容などをめざす療法です。自閉症などの障害や精神的なダメージを負った人たち、認知症のお年寄りに、音楽を聴かせたり一緒に歌ったり演奏をするなどして、心身をリラックスさせるといった、音楽を通した心理療法を行うのが音楽療法士の仕事。職場によっては、医師や言語聴覚士（☞152ページ）、作業療法士（☞143ページ）らとの連携が必要となります。

　音楽療法には、音楽を聴かせて気持ちをリラックスさせる「受動的音楽療法」と、一緒に歌ったり、楽器を演奏したりして、気分転換やストレスの発散を図る「能動的音楽療法」があります。こうした音楽療法に関する知識と豊富な臨床経験を身につけ、自閉症などの障害や精神的なダメージを負った人の心のケアを行う音楽療法士は、人の心を癒すという重要な役割を担っています。

　また、個々の状態にあった療法を的確に判断する判断力や洞察力なども求められます。音楽療法士をめざすなら、ピアノやギターなど何らかの楽器が弾けるだけでなく、即興で演奏できるセンスもあったほうがいいでしょう。

Q2 どんな職場があるの？

　病院や福祉施設、民間のセラピールームなど。まだ認知度はそれほど高くはない職業ですが、学校など教育分野で活躍している人もいます。

　福祉系の施設では、介護老人福祉施設（☞56ページ）、老人デイサービスセンター（☞71ページ）、障害児施設などがあります。

Q3 雇用形態と初任給は？

　心理療法のひとつとしてのニーズは高まりつつありますが、音楽療法士が

常勤で働くケースは少ないようです。福祉施設でのセッションの場合、1回の報酬は1500円～1万円と幅広く、特に定まった料金はありません。

民間のセラピールームに常勤する場合は、その規模や経営状態によってまちまちのようです。

Q4 将来性は？

音楽療法は欧米では普及していますが、日本での認知度はまだそれほど高くはありません。しかし、医療だけでなく福祉の分野でも音楽療法の効果は徐々に認められつつあります。医学や従来の心理療法でのアプローチでもなかなか改善がみられなかった人が、音楽療法によって心を開いたり、症状が改善したという臨床例はさまざまあります。現在、音楽療法には医療保険が適用されておらず、医療分野での普及は進んでいませんが、作業療法士などの資格と併せ持つ形で病院に勤務している人もいるようです。

まだまだ未開拓の分野であるだけに、この資格だけで身を立てるのは厳しい現状なので、福祉系の職場で働く場合には、他の福祉系の資格（介護福祉士等）に加える形で取得しておくのが賢明でしょう。

Q5 音楽療法士になるには？

音楽療法士の資格は、医師や音楽関係者が設立した任意団体「日本音楽療法学会」の認定する民間資格です。

● 音楽療法士資格取得ルート

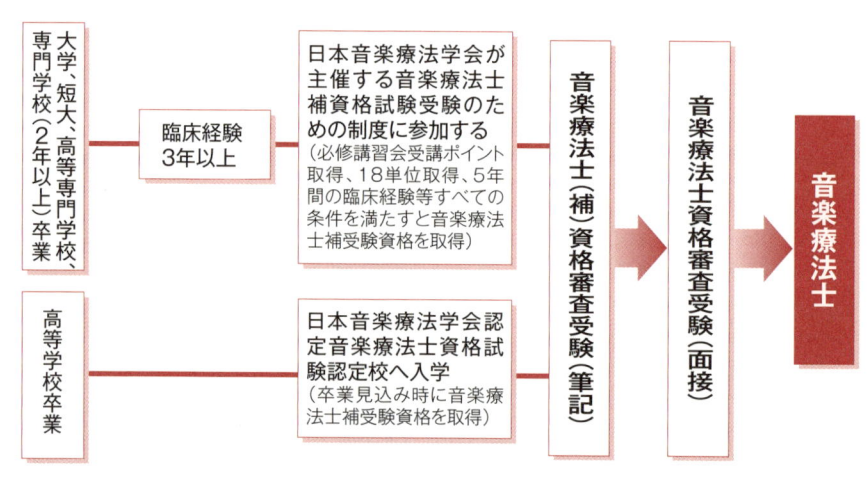

学歴	経験/入学	受験制度	筆記審査	面接審査	資格
大学、短大、高等専門学校、専門学校（2年以上）卒業	臨床経験3年以上	日本音楽療法学会が主催する音楽療法士補資格試験受験のための制度に参加する（必修講習会受講ポイント取得、18単位取得、5年間の臨床経験等すべての条件を満たすと音楽療法士補受験資格を取得）	音楽療法士（補）資格審査受験（筆記）	音楽療法資格審査受験（面接）	音楽療法士
高等学校卒業		日本音楽療法学会認定音楽療法士資格試験認定校へ入学（卒業見込み時に音楽療法士補受験資格を取得）			

■問い合わせ先
日本音楽療法学会
〒105-0013　東京都港区浜松町1-20-8　浜松町一丁目ビル6階
TEL：03-5777-6220
URL：http://www.jmta.jp/

　音楽療法士として認定されるには、次の2つの方法がありますが、どちらもまず、音楽療法士補の資格を取得してからです。

　1つは、大学等を卒業し臨床経験を3年以上積んだ場合は、日本音楽療法学会が主催する講習会を受講し、単位を取得するなどの条件を満たすと、音楽療法士補の資格審査（筆記）が受けられます。この審査で音楽療法士補に受かれば、次に音楽療法士試験（面接）を受験できます。

　もう1つは、高校等を卒業して日本音楽療法学会が認定する資格試験受験認定校へ入学し、必要なカリキュラムを修了すると音楽療法士補試験の受験資格を得ることができます。

　面接試験を受けられるのは、①日本音楽療法士学会の正会員であること、②音楽療法士補の資格を取得した者であること、が条件です。

　面接試験では、口頭試験と実技試験が行われます。

　口頭試験は小論文と、事前に提出した事例レポートを基に、音楽療法士としての資質が問われます。実技試験では、キーボードまたはギターによる弾き歌いを行います。曲目はA群5曲、B群5曲から、それぞれ2曲ずつを選択しておき、その中から当日指定された1曲を演奏します。

　音楽療法士学会では5年ごとの資格更新システムがあります。

福祉住環境コーディネーター

福祉住環境コーディネーター協会
http://www.fjc21.org/

Q1 どんな仕事？

　福祉住環境コーディネーターとは、高齢者や障害者にとって住みやすく快適な住環境を一緒に考え、提案するアドバイザーです。医療・介護・福祉・建築などの専門職の人々と連携し、その家や施設に暮らす人それぞれに合った住宅改修プランを提示します。また、福祉用具や福祉行政施策・制度情報などについてもアドバイスします。

　主な仕事は、介護保険制度の下での住宅改修にかかわるプランの作成です。ケアマネジャー（☞134ページ）との連携をとりながら、改修プランを決めていきます。また、福祉・保険サービスなどの情報を提供したり、福祉用具・介護用品から家具を選ぶのも大切な仕事です。

　それらの使用法のアドバイスを含め、バリアフリー住宅の新築・建て替え、暮らしにまつわる総合的なアドバイスを行います。

　このように、福祉住環境コーディネーターとは、暮らしと医療・福祉などの分野の知識を必要とします。

Q2 どんな職場があるの？

　主な就職先は、建築・住宅・リフォーム・福祉用具メーカー等の民間企業から特別養護老人ホームや各種施設、病院までさまざまです。デパート・ホテル・行政機関などで活躍する人もいます。福祉施設では、社会福祉士（☞126ページ）などがステップアップのために資格を取得するケースも見受けられます。

Q3 雇用形態と初任給は？

　福祉住環境コーディネーターは単独での仕事というより、高齢者の住宅改修に役立たせるために、企業が社員にこの資格を取得させるケースが多く、また就職の際にも有利です。

　初任給は就職した先によって異なりますが、東京都にある建築関連企業が就職先の場合、大卒者でおよそ19万円

■試験の概要
　■申込期間　前期：7月上旬（2、3級）
　　　　　　　後期：11月中旬（1、2、3級）
　■試験日　　前期：7月頃（2、3級）　後期：11月頃（1、2、3級）
　■受験地　　全国の商工会議所
　■受験料　　1級／10,500円　2級／6,300円　3級／4,200円（2013年度）

■試験のデータ
　■試験内容
　　3級：マークシート方式。100点満点で70点以上の得点をもって合格。
　　　　内容は福祉と住環境との連携、福祉住環境の整備に必要な理論と実践
　　　　など。
　　2級：マークシート方式。100点満点で70点以上の得点をもって合格。
　　　　内容は障害者の障害特性や住生活関連諸施策など。
　　1級：マークシート方式と記述式。それぞれ100点満点で70点以上の得点を
　　　　もって合格。
　　　　内容は福祉と地域まちづくり、ユニバーサルデザインの概念、高齢者向
　　　　け住宅および施設の種類と機能など。
　　　　2級合格者のみ受験可。

■問い合わせ先
　東京商工会議所　検定センター
　〒100-0005　東京都千代田区丸の内3-2-2
　TEL：03-3989-0777
　URL：http://www.kentei.org/fukushi/

プラス諸手当がつきます。

Q4 将来性は？

　福祉住環境コーディネーターになるまでに得た知識は、建設、医療・福祉関連業界だけでなく、他の分野でも十分に活用できるものです。高齢者や障害者のニーズに合った総合的な提案ができるため、今後ますます福祉住環境コーディネーターの必要性や認知度は高まっていくと考えられます。

　必要な場所への手すりの設置など、住宅改修に介護保険の適用を受けるために必要となる「理由書」は、原則ケアマネジャーが作成するものですが、これは作業療法士（☞143ページ）、福祉住環境コーディネーター（1級・2級のみ）にも認められているので、仕事の幅はさらに広がっています。

　また現在、活躍の場は家の中から街

の中へと広がっています。公共施設のスロープ、駅のエレベーターの取り付け、障害者施設の建設に携わったケースも増えてきており、社会が高齢化するに従って、活躍の場は今後ますます増えていくと考えられます。

Q5 福祉住環境コーディネーターになるには？

福祉住環境コーディネーターになるための一般的な方法は、東京商工会議所の主催する福祉住環境コーディネーター検定試験1級〜3級を受験することです。試験は、各地方の商工会議所の指定の場所で実施されます。

学歴・年齢・性別・国籍に制限はありません。2級からの受験や、3級と2級を同日に受験することも可能です。2級、3級はマークシート方式による試験1回。1級はマークシート方式と記述式の2種類になります。検定試験合格後、合格証が発行されます。

この資格は、建設会社や他企業に勤める人や福祉系大学や専門学校生だけでなく、福祉や介護の現場スタッフなどがスキルアップを目的に取得するケースが増えてきています。近年では、主婦やボランティアなどの関心も高いようです。

試験の出題内容は、3級で、①少子高齢社会と共生社会への道、②福祉住環境整備の重要性・必要性、③在宅生活の維持とケアサービス、④高齢者の健康と自立、⑤障害者が生活の不自由を克服する道、⑥バリアフリーとユニバーサルデザインを考える、⑦生活を支えるさまざまな用具、⑧住まいの整備のための基本技術、⑨生活行為別に見る安全・安心・快適な住まい、⑩ライフスタイルの多様化と住まい、⑪安心できる住生活、⑫安心して暮らせるまちづくり。

2級では、①高齢者・障害者を取り巻く社会状況と住環境、②福祉住環境コーディネーターの役割と機能、③障害のとらえ方、④リハビリテーションと自立支援、⑤高齢者・障害者の心身の特性、⑥在宅介護での自立支援のあり方、⑦高齢者に多い疾患別にみた福祉住環境整備、⑧障害別にみた福祉住環境整備、⑨福祉住環境整備とケアマネジメント、⑩福祉住環境整備の進め方、⑪福祉住環境整備関連職への理解と連携、⑫相談援助の実践的な進め方、⑬福祉住環境整備の共通基本技術、⑭生活行為別福祉住環境整備の手法、⑮福祉住環境整備の実践に必要な基礎知識、⑯福祉用具の意味と適用、⑰生活行為別にみた福祉用具の活用。

福祉レクリエーションワーカー

日本レクリエーション協会
http://www.recreation.or.jp/ （レク オンライン）

Q1 どんな仕事？

福祉レクリエーションワーカーは、心身に障害のある人や高齢者が、福祉施設でのレクリエーションの時間を楽しく過ごせるように企画する仕事。レクリエーションを通じて、喜びや生きがいを見出すことができるようお手伝いをしたり、健康的な生活のための手助けをします。

また、企画、準備、運営だけでなく、地域社会と福祉活動の連携がとれるイベント企画や運営、ボランティアスタッフの養成やコーディネートも担当します。

一人暮らしの老人宅を訪問したり、盆踊りやバザーなどのイベント企画、町づくりや障害者施設を建設するときのバリアフリーの環境づくりのアドバイスなど、その活躍は施設の中だけにとどまらず、地域社会との架け橋的役割を担っている、幅の広い仕事です。

福祉の仕事のなかでも、この福祉レクリエーションワーカーは、特にコミュニケーションが上手くでき、人を楽しませることが好きな、ボランティア精神に富んだ人に向いている仕事といえます。

Q2 どんな職場があるの？

福祉施設や介護サービスなどの社会福祉関係で広く活用できる資格です。福祉領域全般にかかわりますが、一番多いのは老人福祉施設への勤務です。その他、医療施設やボランティア団体での活動もあります。

福祉系では、介護老人福祉施設（☞56ページ）、介護老人保健施設（☞61ページ）、老人デイサービスセンター（☞71ページ）などが挙げられます。

Q3 雇用形態と初任給は？

福祉レクリエーションワーカーは、介護福祉士や保育士など、すでに他の資格を持って働いている人が、補佐的な資格として持つ傾向が高いようです。そのため、初任給や諸手当の目安

は、軸となる他の資格のものを参考にしてください。

Q4 将来性は？

福祉レクリエーションワーカーは、福祉の現場全般で活躍しています。しかし、この資格だけで就職できるとは限らないことを念頭におき、あくまでもサブ的な資格として考えましょう。実際に福祉関係の仕事に就いてから取得する人も多いようです。

社会の高齢化にともない、老人福祉施設が増加している今、レクリエーションを充実することはとても大切です。また、介護福祉士をめざす学生へのレクリエーション支援援助法の指導も任されるなど、サブ的な地位にとどまっている資格とはいえ、その活躍に期待が寄せられています。

Q5 福祉レクリエーションワーカーになるには？

一般的には、日本レクリエーション協会が主催する講習会、あるいは同協会が認めた養成講習会を受講する必要があります。または、協会の認可を受けた大学、短期大学、福祉系専門学校を卒業するか、レクリエーション・インストラクターやレクリエーション・コーディネーター等の資格を取得している人にも受験資格が与えられます。これらの受験資格を満たしたうえで、審査を受け、合格すると資格が与えられます。

日本レクリエーション協会が実施す

■受講スケジュール
　■通信教育　　　通年
　■受講期間　　　学習開始日から2年後の3月末日まで
　■受講料　　　　70,000円（2013年）※一部資格保有者に割引制度あり
　■スクーリング参加費　約18,000円×2回
　■資格認定審査　受験料　5,000円　　公認料　10,000円（初年度のみ）
　■登録料　　　　16,000円（2年ごと）

■問い合わせ先
　公益財団法人日本レクリエーション協会
　〒101-0061　東京都千代田区三崎町2-20-7　水道橋西口会館6階
　TEL：03-3265-1241

る指定の通信講座では、社会福祉および隣接領域に関する基礎的知識・援助技術、福祉レクリエーションに関する専門的知識・援助技術を学びます。

所定の講座のテキストに沿った課題の合否判定は、レポートなどの提出でなされます（不合格の場合は再提出）。

それらの課題をクリアし、全課程を修了することで資格認定試験を受けることができます。

なお、介護福祉士、社会福祉士、保育士、保健師、看護師の資格を持っている人の場合は、レポート課題が一部免除されます。試験は筆記試験と実技試験があり、講座受講期間に出題された課題をしっかりこなしておけば問題なくクリアできます。この資格認定試験は、学校の卒業試験と同様に考えていいでしょう。

受験資格は次のようになっています。
● 満18歳以上であること。
● レクリエーションインストラクター養成講座などでレクリエーション・インストラクター学習課程を修了した者。
● レクリエーション・インストラクターの学習を始めた者。

講座内容は、以下のようなものです。スクーリング（3日×2回）とレポート課題12本（保有資格により一部免除あり）、現場実習による学習3日（条件により2日免除あり）。学籍期間は2年間。

栄養士・管理栄養士

社団法人全国栄養士養成施設協会
http://www.eiyo.or.jp/

Q1 どんな仕事？

栄養士とは、病院や老人ホーム、学校、企業の社員食堂などで、栄養バランスのよい献立を考え、提供する仕事です。また、食事をとおして健康についてのアドバイスも行います。これを「栄養指導」といいます。栄養士は、指定の養成施設を卒業後、各都道府県に申請すれば、資格を取得することができます。

一方、管理栄養士とは、栄養士のワンランク上の資格です。管理栄養士の資格を得るには栄養士として十分経験を積んだ後、国家試験を受けます。

栄養士・管理栄養士は、病院や福祉施設、さらに自宅で療養している人のために、家族や主治医と話し合いながら、病状や体質を十分考えて栄養指導を行います。その他にも、病院や福祉施設の調理員さんたちと話し合いながら、給食メニューを考えたり、給食の方法についても計画したりと、食事についての全般的な仕事をします。

特に福祉施設では、高齢でものを飲み込む機能が衰えた人や、寝たままで食事をしなくてはならないという人、身体の機能に障害を持つ人、小さな赤ちゃんなど、いろいろな人が暮らす施設があります。そうしたさまざまな人のための食事を考えなければならないため、食べ物の種類やメニュー、食べ方の工夫などをして、楽しく、美味しく毎日の食事をとってもらうことが大切になります。

Q2 どんな職場があるの？

病院、学校、福祉施設が中心ですが、スポーツジム、食品メーカーなど、さまざまな職場で働いています。また、こうした職場で勉強をして料理研究家として活躍している人もいます。

Q3 雇用形態と初任給は？

病院などの医療施設に常勤として勤務する場合の初任給は、およそ18万円です。基本的には夜勤はなく、昼間の

■管理栄養士試験のデータ
　■申込期間　　12月上旬
　■試験日　　　3月中旬
　■試験地　　　北海道、宮城県、東京都、愛知県、大阪府、岡山県、福岡県、
　　　　　　　　沖縄県
　■受験手数料　6,800円（収入印紙・2013年）
■問い合わせ先
　＜試験について＞
　管理栄養士国家試験臨時事務所
　　〒103-0027　東京都中央区日本橋1-20-5
　　TEL：03-5200-5862
　＜資格について＞
　社団法人全国栄養士養成施設協会
　　〒170-0004　東京都豊島区北大塚1-16-6
　　TEL：03-3918-1022
　　URL：http://www.eiyo.or.jp/

仕事です。

　福祉施設では、1カ所の施設のみを担当するケースもありますが、複数の施設を掛け持ちする場合もあります。

Q4 将来性は？

　栄養士・管理栄養士は、病院、学校、福祉施設など以外に、スポーツ選手の栄養管理、食品メーカーでの健康食品開発など、さまざまな場所で活躍しています。

　最近問題になっている生活習慣病や食物アレルギー、拒食症などは、食事との関係が強い病気です。こうした病気が増加しているため、食生活のあり方が見直されるようになってきました。そこで、「食育」という言葉も生まれました。これは生きるための基本である「食」を教育としてとらえて考えようというものです。この「食育」の重要性が広く知られるようになったため、学校や福祉施設などで、栄養カウンセリングを行って栄養指導をしようというニーズが年々高まっています。

　さらに、健康への関心が高まるなか、スポーツドリンクや健康食品などの開発などの面でも、栄養士・管理栄養士の仕事は、今後ますます重要になっていくでしょう。

Q5 栄養士・管理栄養士になるには？

＜栄養士＞

厚生労働大臣の指定した栄養士の養成施設で、2年以上学びます。そこで栄養士としての必要な知識や技能を修得し卒業した後、住んでいる地域の都道府県知事に栄養士免許を申請すれば取得できます。

＜管理栄養士＞

まず栄養士の資格を取得し、それから管理栄養士国家試験に合格しなければなりません。

受験資格と試験科目は次のようになっています。

＜管理栄養士試験の受験資格＞

① 修業年数が2年の養成施設を卒業して栄養士の免許を受けたのち、厚生労働省令で定める施設で2年以上栄養の指導に従事した人
② 修業年数が3年の養成施設を卒業して栄養士の免許を受けたのち、厚生労働省令で定める施設で1年以上栄養の指導に従事した人
③ 修業年数が4年の養成施設を卒業した人

＜管理栄養士試験の試験科目＞

- 社会・環境と健康
- 人体の構造と機能および疾病の成り立ち
- 食べ物と健康
- 基礎栄養学
- 応用栄養学
- 栄養教育論
- 臨床栄養学
- 公衆栄養学
- 給食経営管理論

■ 栄養士・管理栄養士資格取得ルート

●管理栄養士養成施設
- 大学・専門学校（4年制） → ※定められた単位を取得して卒業と同時に 栄養士免許取得 → 管理栄養士試験受験資格 → 管理栄養士

●栄養士養成施設
- 大学（4年制） → 栄養士免許取得 → 実務経験1年 → 管理栄養士試験受験資格 → 管理栄養士
- 短大・専門学校（3年制） → 栄養士免許取得 → 実務経験2年 → 管理栄養士試験受験資格 → 管理栄養士
- 短大・専門学校（2年制） → 栄養士免許取得 → 実務経験3年 → 管理栄養士試験受験資格 → 管理栄養士

保育士

全国保育士養成協議会
http://www.hoyokyo.or.jp/

Q1 どんな仕事？

福祉関連職のなかでも特に女性に根強い人気の保育士。保育士は保護者に代わって乳児や幼児を保護して育てる仕事です。食事、トイレなど身の回りの世話や遊びを通して、子供たちが生活習慣を学ぶのをサポートします。

保育士というと、保育所での乳幼児の保育を思い浮かべますが、じつは保育士が対象とするのは、乳幼児から18歳未満の未成年者までです。また、子供たちだけでなく、保護者に対しても保育に関する指導をする場合もあります。

保育士になるには、子供が好きで、細やかな気配りのできる人であることが大前提。ただし、子供が好きというだけでは務まらないのがこの仕事。相手は子供ですから、責任感はもちろん忍耐力も必要です。一度に何人もの子供の世話をし、また子供を抱き上げたり、着替えさせたりと身体を動かすことが多いので、体力や気力も欠かせない条件です。そして子供の喜びや悲しみを一緒になって分かち合い、理解する優しさが必要です。

世話だけでなく、ゲームや音楽（楽器演奏や歌唱）、図画工作など、遊びながら子供の協調性や創造性を伸ばす技能も求められます。

Q2 どんな職場があるの？

最も一般的な職場は保育所（☞80ページ）で、ほかに乳児院（☞82ページ）、児童養護施設（☞86ページ）、障害児施設（☞95ページ）など、福祉現場での職場がたくさんあります。

Q3 雇用形態と初任給は？

公立の場合は地方公務員になるため、給与は地方自治体の給料表に従って支払われます。東京都の場合、初任給は約17万～18万円。私立の場合は、経営方針や規模、立地条件などによりまちまちです。

勤務時間は不規則なところが多いよ

うです。また近年の生活事情の変化を考慮して、早朝や夜間保育を実施しているところも増えました。そのため、交代制勤務を採用しているケースもあります。

Q4 将来性は？

結婚、出産後も仕事を続ける女性は年々増えています。それと同時に少子化問題も深刻です。そのような時代にあって、保育所の充実は社会全体の大きな課題となっているため、保育士の必要性はますます増えると考えられます。

また、各種の文化施設や事業所、企業やデパートなどさまざまなフィールドに託児施設が設置されるようになり、保育士の活躍の場は広がっています。なお、最近では男性の保育士も増えており、その活躍に注目が集まっています。

Q5 保育士になるには？

保育士になるには国家資格が必須です。厚生労働大臣指定の養成学校を卒業すれば取得できますが、都道府県単位で実施される保育士試験に合格して取得する方法もあります。各種スクールの保育士試験受験対策コースを利用して資格の勉強をしている人も多いよ

■ 保育士資格取得ルート（主なもの）

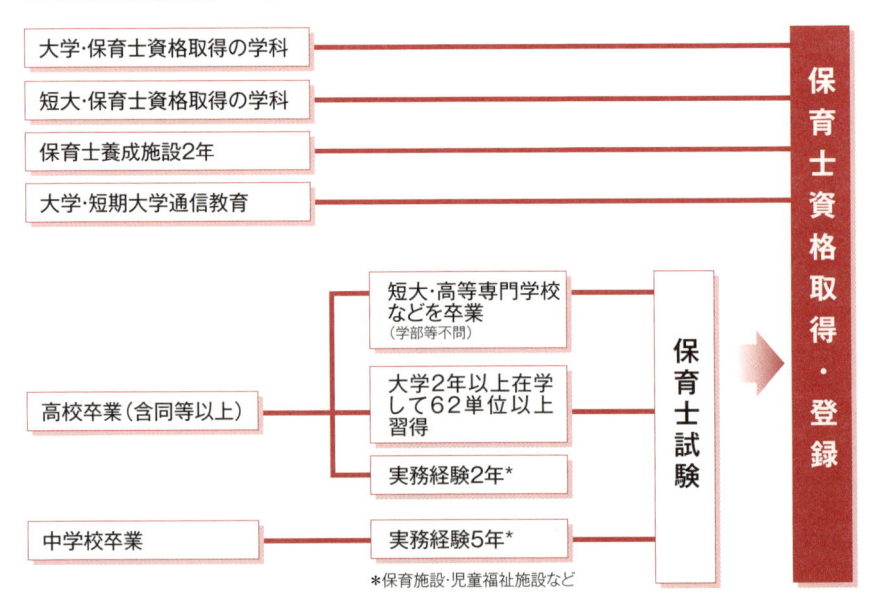

- 大学・保育士資格取得の学科 → 保育士資格取得・登録
- 短大・保育士資格取得の学科 → 保育士資格取得・登録
- 保育士養成施設2年 → 保育士資格取得・登録
- 大学・短期大学通信教育 → 保育士資格取得・登録
- 高校卒業（含同等以上）
  - 短大・高等専門学校などを卒業（学部等不問）→ 保育士試験 → 保育士資格取得・登録
  - 大学2年以上在学して62単位以上習得 → 保育士試験 → 保育士資格取得・登録
  - 実務経験2年* → 保育士試験 → 保育士資格取得・登録
- 中学校卒業 → 実務経験5年* → 保育士試験 → 保育士資格取得・登録

＊保育施設・児童福祉施設など

■試験について
- ■試験日　　筆記試験：8月中旬、実技試験：10月上旬～中旬（2013年度）
- ■試験地　　各都道府県にある指定された会場
- ■受験料　　12,900円（収入印紙・2013年度）

■問い合わせ先
全国保育士養成協議会　保育士試験事務センター
TEL：0120-4194-82

うです。

学校卒業と同時に資格を得るのなら、大学の社会福祉系学部や生活科学系学部などに設置されている児童学科、幼児教育学科、あるいは短大の保育科、幼児教育科、専門学校の養成課程や保育士養成所などを卒業する必要があります。

それらの養成学校を出ずに資格を取得する場合は、都道府県で実施する保育士試験に合格しなければなりません。

受験資格は、大学（2年以上在学）または短大卒の者、高校卒業後児童福祉施設で2年以上働いた者など。

試験の科目は次のとおりです。

＜筆記＞

保育原理、教育原理および社会的養護、児童家庭福祉、社会福祉、保育の心理学、子どもの保健、子どもの食と栄養、保育実習理論

＜実技＞

音楽表現に関する技術、造形表現に関する技術、言語表現に関する技術から2分野を選択。

※幼稚園教諭免許所有者を除く、筆記試験全科目合格者のみに実施。

児童指導員（任用資格）

各都道府県児童福祉主管課

Q1 どんな仕事？

児童指導員とは、児童福祉施設で生活する０～18歳までの子供たちを、保護者に代わって育成、指導するのが主な仕事です。子供の心の安定を考えて、基本的な生活習慣を身につけさせます。子供たちと一緒に生活し、社会生活に適応するために必要な事柄を指導していく、いわば親代わりのようなものといえるでしょう。

また、年齢より学習が遅れている子供の場合には、学習の指導もします。子供一人ひとりの性格や特徴を観察して、励ましつつ学習意欲を高め、進学や就職などの進路指導もします。

一般的には、子供たちに、洗面、食事、衣服の着脱、排泄など生活習慣を身につけさせるためのしつけにはじまり、スポーツなどのグループ活動を通して社会のルールやマナーを学ばせるための指導までを行うわけですが、これらを実行するための指導・育成計画を立てたり、保護者、学校、児童相談所などとの連絡も、大事な仕事です。

このほか、知的障害児や肢体不自由児が入所している施設では、こうした子供たちにとって必要な専門知識や技術を持っていなければなりません。

Q2 どんな職場があるの？

児童養護施設（☞86ページ）、重症心身障害児施設（☞93ページ）ほかのさまざまな障害児施設（☞95ページ）、母子生活支援施設（☞98ページ）などの子供、母子を対象とした施設が主な仕事場です。

Q3 雇用形態と初任給は？

勤務形態は、入所施設の場合、多くが３～５交替の勤務体制で、夜勤のあるケースがほとんどです。

給与は、公立の施設に勤務する場合は地方公務員なので、各自治体の給与規定に基づくことになります。私立の場合には、国家公務員の一般職の給与を基本にしていますが、各施設によっ

て違いがあり、また経歴や経験年数によっても差があります。

Q4 将来性は？

児童指導員が働く施設は、保育所などに比べて数が少ないため、働きたいと思っても、採用があるとは限らないのが現状です。全体でみると、女性より男性のほうが数が多く、児童養護施設などで保育士と一括して募集されることもあります。

Q5 児童指導員になるには？

児童指導員は、試験を受けて取得する資格ではなく「任用資格」というもので、これは学校で決められた科目を修得し、卒業後にその資格に関係する職務に就業した場合に申請すると取得できる資格です。児童指導員任用資格を取得するには、下記のいずれかの項目に該当していることが必要です。

①厚生労働大臣の指定する児童福祉施設の職員を養成する学校か、その他の養成施設を卒業した者
②大学で、心理学・教育学または社会学を修めて卒業した者
③小・中学校または高等学校の教諭の資格を持つ者であって、厚生労働大臣または都道府県知事が適当と認定した者
④高等学校を卒業した者で、2年以上児童福祉事業に従事した者
⑤3年以上児童福祉事業に従事した者で、厚生労働大臣または都道府県知事が適当と認定した者

一般的には、4年制の福祉系大学を卒業するか、大学で心理学、教育学、社会学を専攻し、児童指導員任用資格を取得するケースが多いようです。資格取得後に就職するには、公立の施設に勤務する場合、都道府県や市町村が行う地方公務員試験に合格しなければなりません。私立の施設に勤務する場合には、各施設ごとに行う採用試験に合格する必要があります。

なお、児童指導員の採用試験は、各自治体・民間団体によって異なります。ある自治体では、一般教養試験（公務員として必要な一般的な知識および知能についての択一式等による筆記考査）のほか、専門試験（専門的知識・技能・能力についての記述式による筆記考査、通告義務について、児童養護施設で有効な心理療法についてなど）および口述試験や適性検査（職員としての職務遂行上必要な素質・性格についての検査）が実施されています。なお、面接試験なども行われる場合があります。

調理師

各都道府県の衛生主管課
社団法人調理技術技能センター
　http://www.chouri-ggc.or.jp/

Q1 どんな仕事？

　調理師は、都道府県知事の免許を受けた国家資格です。飲食業に携わる人の多くがこの資格を持っています。資格はなくても調理の仕事はできますが、調理師資格の取得は調理の専門家となるための第一歩です。学校給食からホテルのレストランまで、飲食の場はじつにたくさんありますが、調理師は主にこうした職場で、味覚や盛りつけ、衛生、栄養に配慮しながら、食事を提供します。

　また、調理師の職場は飲食店だけとは限りません。この資格は、学校、病院、福祉施設などの給食施設に勤める場合にも役立つ資格です。給食施設では栄養士によって立てられた献立に沿って調理をします。材料の選別、仕込み、味付けをはじめ、一般家庭では使用されないような業務用の調理器具を使う場合もあるため、調理に関する幅広い知識と高い技術が必要となります。また、日々の衛生管理も大切な仕事です。

Q2 どんな職場があるの？

　飲食店、ホテルなどの宿泊施設、病院や学校、食事を提供している福祉施設などさまざまです。

Q3 雇用形態と初任給は？

　調理師免許取得者の多くは常勤で働いています。食事を提供する福祉施設で働く場合ですが、デイサービスなどの昼間の一定時間のみのサービス施設では、昼食やおやつなどが基本となります。老人ホームなどの生活する施設では、朝食から夕食までの1日の食事をつくります。基本的には昼間の仕事で、夜勤などはありません。

　初任給の目安は、病院などに勤務した場合、およそ17万円～20万円。しかし、勤務場所によって給与はまちまちです。

Q4 将来性は？

　調理師試験は、毎年6万人もの人が受験しており、あらゆる資格のなかで

■**試験のデータ**
　■申込期間　　願書の配布は試験日の約4カ月前から
　■試験日　　　各都道府県によって異なる
　■試験地　　　各都道府県にある指定会場
　■合格発表　　試験日から約1カ月後
　■受験料　　　6,300円（東京都の場合、2013年）

■**問い合わせ先**
　社団法人調理技能センター　調理師試験担当
　〒103-0012　東京都中央区日本橋堀留町2-8-5　JACCビル5階
　TEL：03-3667-1815
　各都道府県の調理師試験担当課および各保健所

も最もポピュラーなものといえるでしょう。それだけに、大きな武器になるとはいえませんが、飲食店だけでなく病院、学校、福祉施設、旅館やホテルなど活躍の場は非常に広く、それらの場所において、調理師の求人がなくなることはまずありません。

Q5 調理師になるには？

調理師として働くには、中学、高校、大学を卒業して、見習いとして修業するケースと、調理師免許を取得してから就職するケースがありますが、調理師の多くは、高校を卒業した後、まず仕事につき、その後に免許を取得する人が多いようです。いずれの場合も、見習いとしての修行経験と技術が、調理師になるための重要な要素です。

調理師免許を取得するためには、飲食店などで2年以上、調理の実務（見習い）を経験したのちに、都道府県で行う調理師試験に合格しなければなりません。他にも、調理師養成施設（学校）に入学し、1年以上必要な知識と技能を修得し、無試験で取得する方法があります（申請が必要）。

試験は各都道府県の衛生主管課によって実施されており、筆記試験のみ。問題は全て択一式（4択）です。

試験科目は、衛生法規・食文化概論・栄養学・公衆衛生学・食品学・食品衛生学・調理理論の7科目。内容の詳細は都道府県ごとに異なりますが、範囲は共通です。

調理師免許試験は、合格定員が決まっていないため、一定の点数をとれば合格できます。

目安は全科目の合計で60％以上の得点。ただし、1科目でも平均点を極端に下回る場合は、不合格となります。

看護師

厚生労働省医政局医事課試験免許室
http://www.mhlw.go.jp/general/sikaku/

Q1 どんな仕事？

　看護師は、病院や診療所などの医療機関で、医師の指示のもとに医療活動のサポート（カルテの整理や患者の検温などを）をしたり、また入院患者の洗面、入浴、排泄、食事などの手助けをします。手術室の担当となると、手術の準備を整え、手術中は執刀医に必要な器具を手渡したり、患者の容体を見守ったりします。

　福祉の分野では、老人施設や障害者施設などの社会福祉施設で、主に日常の健康管理に重点を置いたケアを行っています。また、在宅で介護を必要としている人のための訪問看護も行います。

　看護師には、まず患者さんや介護を必要としている人の症状を正確に見極める観察力、緊急時の適切な対応、また高度な医学的知識・技術、冷静さや機敏さが求められます。その基盤となるのは患者へのいたわりや思いやりの気持ちです。不安を抱えた患者さんとの間に信頼関係を築くことも重要な要素。同時に強い責任感と倫理観も求められます。

Q2 どんな職場があるの？

　勤務先は病院、診療所以外にも、介護老人福祉施設（☞56ページ）、介護老人保健施設（☞61ページ）、訪問看護ステーション（☞74ページ）など、いろいろあります。看護師がいることが要件となっている福祉施設がたくさんあるため、福祉・介護の世界でも重要な資格なのです。

Q3 雇用形態と初任給は？

　国立病院の看護師の給与は、国家公務員の給与表によって支給されます。東京都特別区内の都立病院勤務の場合、2012年度の初任給は3年制の短大卒者で月収約26万円。身分は地方公務員です。

　私立病院の場合は病院の規模や経営状態によってまちまちですが、新卒看

■試験のデータ
- ■申込期間　11月下旬〜12月中旬
- ■試験日　　2月中旬
- ■試験地　　全国各地（北海道、青森、宮城、東京、愛知、石川、大阪、広島、香川、福岡、沖縄）
- ■受験料　　5,400円（2013年度）

■問い合わせ先
受験地の地方厚生局
北海道：011-709-2311　青森・宮城：022-716-7331
東京：048-740-0810　愛知・石川：052-959-2064　大阪：06-6942-2241
広島：082-223-8181　香川：087-851-9565　福岡：092-472-2370
沖縄：098-853-7350

護師の初任給は約25万円前後で、これに夜勤手当などがプラスされます。

看護師の労働条件は厳しいのですが、福祉の分野では、入所型の施設なのか、在宅型の職場なのかなど、働く場所によって違います。入所型の施設では夜勤があるところもありますが、デイサービスセンターなどの通所型や訪問看護の職場では昼間の仕事になります。給与は、入所型施設で25万円程度からというところが多いようです。

Q4 将来性は？

少子高齢化、医療技術の進歩などに伴い、看護師のニーズは軒並み伸びています。加えて福祉・介護の現場でもいなくてはならない存在です。

このように、看護師はあらゆる方面から必要とされているため、どの現場でも常に不足気味で、そのため休みが取れないなど労働環境が十分改善されていない職場もいまだあるようです。しかし、基本的には完全週休2日制の普及は進んでおり、現在では半数以上の職場で採用されています。

また、介護保険制度など国の在宅ケア推進策を背景に、近年では訪問看護ステーション、民間の介護関連企業など、活躍の場は広がっています。

看護師の仕事は国内外のどんな地域でも、また時代を問わず需要がなくなることはありません。福祉・介護の分野でも、ケアマネジャー（☞134ページ）などの資格を取得しやすいといった利点もあります。

出産や結婚などにより退職した後も、再就職しやすい仕事です。

Q5 看護師になるには？

　看護師の資格を取得するには、看護師国家試験に合格し、厚生労働大臣の免許を受ける必要があります。受験資格は、大学や3年制短大の看護系学科、あるいは病院や大学の医学部に付属する3年制看護学校や専門学校などの養成施設などを卒業することによって得ることができます。

　看護系大学では看護師の受験資格のほかに保健師、助産師の受験資格、養護教諭免許が得られるところもあります。短大では専攻課程として保健師、助産師課程が設置されており、それらの資格取得も可能。専門学校は、全授業の3分の1を実習にあてる実践的な養成施設といえるでしょう。ちなみに3年制看護学校の場合は、最低93単位（2895時間）を取得するカリキュラムが組まれています。

　以上の教育機関で必要科目を修了し、受験資格を得た後、国家試験にのぞみます。

　看護師国家試験は年に1回、毎年2月下旬頃に、全国11会場にて実施されています。試験科目は次のようになっています。

　①人体の構造と機能、疾病の成り立ちと回復の促進、②健康支援と社会保障制度、③基礎看護学、④成人看護学、⑤老年看護学、⑥小児看護学、⑦母性看護学、⑧精神看護学、⑨在宅看護論および看護の統合と実践

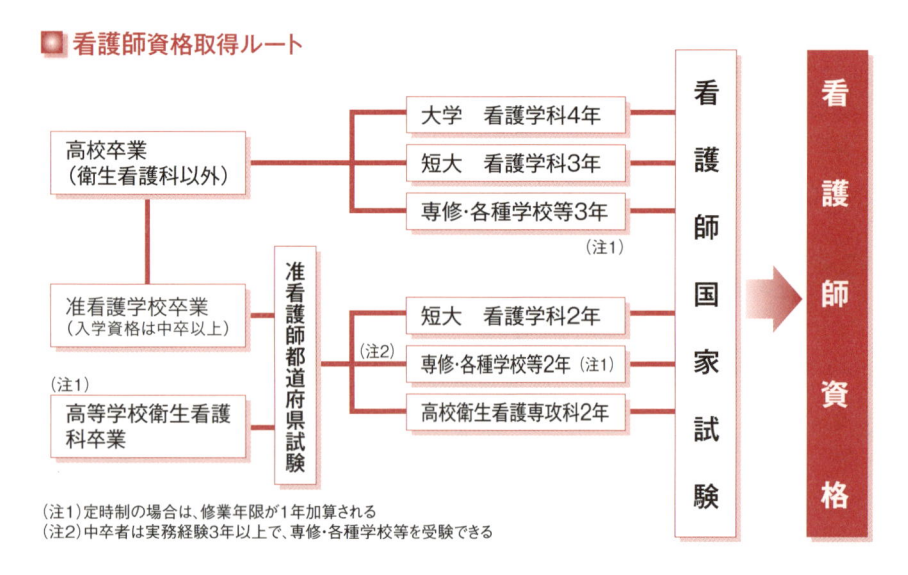

■ 看護師資格取得ルート

- 高校卒業（衛生看護科以外）
  - 大学　看護学科4年
  - 短大　看護学科3年
  - 専修・各種学校等3年（注1）
- 准看護学校卒業（入学資格は中卒以上）
- 高等学校衛生看護科卒業（注1）
  - 准看護師都道府県試験（注2）
    - 短大　看護学科2年
    - 専修・各種学校等2年（注1）
    - 高校衛生看護専攻科2年

→ 看護師国家試験 → 看護師資格

（注1）定時制の場合は、修業年限が1年加算される
（注2）中卒者は実務経験3年以上で、専修・各種学校等を受験できる

特別支援学校教諭

各都道府県教育委員会

Q1 どんな仕事？

これまで心身障害児たちのために設置されていた盲学校、聾学校、養護学校ですが、学校教育法の改正により、2007年4月から「特別支援学校」として一本化されました。通常の学校と同様の教育を行いながら、障害を克服するための自立活動を支援し社会的に自立できるよう指導するのが、特別支援学校教諭の仕事です。対象となる障害は盲・聾・知的障害・肢体障害・病弱の5種類です。また、この学校は特別支援学校内の児童・生徒に対する教育・支援のみならず、地域の小・中学校に対する支援を行うといった特別支援教育のセンター的機能も担っています。

ここではその子供の障害のレベルに合わせて学習や自立支援等の計画を立てます。障害を持った子供は健常児と比べ、物事の習得やコミュニケーションに時間がかかることが多いため、教師には根気強さと包容力が要求されます。また障害の種類・レベルやその子の個性に合わせて、教材や教え方を工夫する柔軟な頭も必要です。

特別支援学校教諭をめざすなら、これらのことを念頭に、実際の学校を見学してみたり、ボランティア活動に参加して、子供たちと直接触れあってみるのもいいでしょう。

Q2 どんな職場があるの？

2012年の段階で、特別支援学校は国公立、私立を合わせ1049校あり、また、小・中学校等にある特殊学級でのニーズもあります。

Q3 雇用形態と初任給は？

国公立の学校に勤務した場合は公務員となるため、給与は公務員の給料表によって支給されます。私立の学校の場合は、各学校の規定によって給与が支払われます。

Q4 将来性は？

特別支援学校は、障害のある児童の

重度化・重複化が問題となり、また障害の種類も、盲・聾・知的障害などのほかにLD（学習障害）、ADHD（注意欠陥・多動性障害）などさまざまな障害が表面化しており、障害の種類に応じた専門性が求められる一方で、障害の種類を超えた学習の必要性という求めに応じてつくられました。

この学校以外でも普通学級に在籍する児童・生徒のなかにもLDやADHDなどの障害を持つ子もおり、こうした面からも、特殊教育免許を持つ教員が求められるケースは増えてくるでしょう。2012年現在の特別支援学校の教職員数は8万9477名になっています。

Q5 特別支援学校教諭になるには？

特別支援学校教諭になるには特殊教育免許が必要で、文部科学省認定の国家資格です。免許状には、一種免許状、専修免許状、二種免許状の3種類があります。一般の教員免許と同様に、教育課程のある大学で所定の教育を受け、単位を取得することで得られます。

また、幼稚部、小学部、中学部、高等部の担任を担う場合には、それぞれの教員免許状を持っていることが原則となっています。

【一種免許状】

特別支援教育を担当する教員の標準的な免許状です。すべての障害種別に共通する基礎的知識指導方法や、複数の障害のある障害児童・生徒の心理、生理、病理、教育課程・指導法の基礎を身につけます。そのうえで視覚障害・聴覚障害など一種類の障害から1障害を選択して、その他の障害（言語障害・情緒障害、LD、ADHDなど）についても一定の専門的な知識・指導方法を身につけます。

【専修免許状】

特定の障害に対する深い専門知識、指導方法に加え、重度・重複化への対応、地域の小・中学校における特別支援教育を視野に入れて、特別支援学校のセンター的機能を総合的にコーディネートするために必要な知識や技能を身につけます。

【二種免許状】

一種免許状取得が基本ですが、特別支援教育についての専門性のある教員を多く確保するため、経過的措置として設けられたもので、一種免許状の取得をめざさなければなりません。すべての障害種別に共通する最小限必要な基礎的・基本的知識や各種障害に対応した指導方法の基礎を身につけます。

当然ですが、いずれの免許も取得後に教員採用試験に合格しなければ、実際に教員としては就職できません。

サービス介助士

NPO法人日本ケアフィットサービス協会
http://www.carefit.org/

Q1 どんな仕事？

在宅介護を主な目的としている介護職員初任者研修（☞137ページ）に対し、サービス介助士（ケアフィッター）は、比較的元気な人の社会生活の介助を目的としています。例えば、入浴や排泄・食事の介助までは必要としないが、足腰が弱り、買い物などでは手助けが必要といった人です。

この資格は、高齢者や体の不自由な人に配慮し、相手をもてなすとともに、介助技術を身につけるための民間資格で、家事や外出時などの日常の場面で役立つ資格です。ボランティア活動だけでなく、一般企業をはじめ、学校や公的機関などでサービス介助士として働く人もいます。

Q2 どんな職場があるの？

デイサービスセンターなどの介護施設で働くのではなく、デパートや遊戯場、宿泊施設など、企業のなかで、高齢者や障害者に応対するための働き方をしています。そのため、各企業の社員として勤めています。

Q3 雇用形態と初任給は？

一般企業や施設の正規職員がスキルアップの一環として取得するケースが多く、その場合は勤務先の給与に基づいて支払われますが、専門職としてパート勤務した場合の時給は、およそ1100円〜1200円です。

Q4 将来性は？

高齢者や体の不自由な人が、生きがいを持ち、いきいきとした生活を送るためには、好きなときに好きな場所に行ける必要があります。社会全体がそのような意識を持ちはじめ、近年では施設や企業、団体などが「安心して外出できる環境づくり」に力を入れつつあります。このような背景から誕生したのが、サービス介助士なのです。

まだ新しい資格ですが、高齢社会のなかでさらに需要が高まる資格といえるでしょう。

■試験のデータ（2級）
　■申込み期間　　希望する開講月の前月15日まで
　■試験時期　　　随時（自宅学習、課題提出、2日間の実技教習課程を終了後）
　■試験会場　　　東京、大阪、名古屋、高松、札幌、福岡
　■合格発表　　　検定後、2～3週間後
　■受験資格　　　特に制限なし

■問い合わせ先
　NPO法人日本ケアフィットサービス協会事務局
　〒162-0846　東京都新宿区市谷左内町5番地
　TEL：0120-0610-64

　また、バリアフリー法の施行以来、社員教育や自己啓発の一環として、サービス介助士検定制度を取り入れる企業も増えています。特にデパートや宿泊施設などサービス業界では、バリアフリー化を推進して高齢者や車いすのお客様への接客に力を入れていることから、サービス介助士の持つ精神姿勢や介助技術を、必須の接客技術として重要視しています。

Q5 サービス介助士になるには？

　サービス介助士の資格は民間資格です。サービス介助士2級、準2級、中高校生向けの3級があります。

　サービス介助士2級取得の講座では、自宅に送られてくるテキストを読んで提出課題を解き、それを郵送します。60点以上の合格点をもらうと、入浴・排泄・食事の介助や、高齢者疑似体験などの実技講習を2日間受けます。実技講習の最後に検定試験を受け、合格すると資格を取得できます。

　準2級は、通信講座と在宅試験方式です。

　資格は3年間で、更新が必要です。

＜サービス介助士2級資格取得講座の内容＞

　①サービス介助の基本理念
　②ホスピタリティ・マインド
　③ノーマライゼーション
　④高齢化社会の理解
　⑤高齢者への理解と介助
　⑥障害者への理解と介助
　⑦障害者の自立支援
　⑧サービス介助士の接遇
　⑨関連法規および制度
　受講費用は3万9900円です。

児童の遊びを指導する者 (児童厚生員)

児童健全育成推進財団
http://www.jidoukan.or.jp/

Q1 どんな仕事？

「児童の遊びを指導する者」は、かつては「児童厚生員」と呼ばれていました。1999年よりこの名称に変更となりましたが、現在でも一般的には「児童厚生員」と呼ばれています。

児童厚生員は、児童館や児童センターなどの児童厚生施設で、遊びを通して児童の自主性や社会性・創造性を高め、地域で児童が健全に育つようサポートする仕事です。

具体的には、遊戯室・音楽室・図工室などを利用して、音楽会や図工、絵画、劇などの会や、高齢者または障害者との交流などボランティア活動を含めた催しを企画して実行します。このような活動を通して、子供たちの遊びの世界を広げ、心身を健やかに保ち、集団生活でのルールや協調性を養うなど、健康増進と情操の両面での育成を図ります。

また、子供会や保護者グループなど、地域の組織活動を支援するのも児童厚生員の仕事のひとつです。最近では、地域の児童館が何らかの理由から学校に行けない児童や、不登校でひきこもりがちな児童のために利用されることもあり、そうした子供たちの精神面をケアできるよう、専門的な知識や技術も求められます。

Q2 どんな職場があるの？

地域子育て支援センターや児童館（☞84ページ）などがあります。

Q3 雇用形態と初任給は？

公営施設の場合は地方公務員であることから定時勤務となります。保育所や児童館のなかに地域子育て支援センターがあるなど、複数の施設が同じ場所にある場合には、複数職を兼任するケースも。

給与は、公立の場合は自治体の公務員給与規定に基づいて支払われます。私立の施設の場合は、地方公務員の給与水準を基準としていることが多いも

のの、経営規模または本人の経歴によってまちまちです。

Q4 将来性は？

児童厚生員として仕事に従事している人は、全国で約1万4000人。児童館などで運営される放課後児童クラブや地域子育て支援センターは現在大幅に増設されています。

とはいえ、専門職として採用されるとは限らず、まず公務員として採用され、その後適性によって地域の児童館に配属が決まるというケースもめずらしくはありません。ですから、この資格を持っているからといって必ずしもすぐに児童館職員になれるわけではないことは覚えておきましょう。

しかしながら、不登校児の増加や子供の育成環境にかかわるさまざまな問題が増す現代において、地域における児童厚生施設の有用性および重要性は高まる一方です。今後、求人の増加もおおいに見込め、将来性は十分あると考えられます。

Q5 児童厚生員になるには？

「児童厚生員」は、児童館などで働いている人をさす名称で、特定の資格ではありません。現在、児童厚生施設の数は、児童館が公立で約4600、私立が約150、児童遊園が公立約3900、私立約20と、その多くが公立です。公立の施設に勤務する場合、基本的には地方公務員となります。

また、公務員以外では、運営を委託された社会福祉協議会や福祉事業団など各種団体に採用されるケースもあります。民間では、保育所などを運営する社会福祉法人が児童館も運営していることがあり、その場合の職員の採用権は施設ごとにあり、募集をかける時期はさまざまです。欠員が出たときだけ募集するところもあります。その際には筆記試験や論文審査が実施されたり、面接だけを行うところもあります。こういった施設の場合は、採用条件や所有しているべき資格などが、運営主体によってまちまちなのが現状です。

ですから、児童厚生員をめざす人は、市区町村の児童館担当課に採用について問い合わせをしたり、公営私営問わず各児童館に直接問い合わせることをおすすめします。また、児童館でボランティアなどをしながら人脈をつくり情報を得るなど積極的に働きかけるのもいいでしょう。

また、児童健全育成推進財団では、児童厚生員の資質の向上、社会的ステータスの向上のために「児童厚生2級指導員」「児童厚生1級指導員」「児

■「児童厚生2級指導員」資格認定の概要
- ■申請事務の窓口　各都道府県・指定都市の児童館連絡協議会事務局
　　　　　　　　　児童健全育成推進財団事務局
- ■申請方法
  1. 申請書は冊子『児童厚生員等の研修体系と資格認定制度』添付様式を使用するか、所属の各児童館連絡協議会または児童健全育成推進財団の事務局に請求する。
  2. 申請書に必要添付書類および申請料・登録料を添えて、該当事務局へ提出する。
- ■必要書類等
  1. 「児童厚生2級指導員」申請書　1部
  2. 資格取得に必要な科目を履修したことを証する書類の写し
  3. 顔写真3枚
     （児童健全育成推進財団に直接申請する場合は、1枚のり付け、1枚添付する）
- ■経費
  申請料　2,000円
  登録料　3,000円
- ■登録後　書類審査の結果、認定要件を満たした者に資格の認定証および認定カードを発行し、その登録事務を行う。

■問い合わせ先
児童健全育成推進財団
〒150-0001　東京都渋谷区渋谷2-12-15　日本薬学会ビル7階
TEL：03-3486-5141

童厚生1級特別指導員」「児童健全育成指導士」の資格認定制度を行っています。

児童厚生2級指導員の認定要件は、
①児童健全育成推進財団が定める研修体系に準拠した基礎研修の理論（8科目）および実技（選択4科目）を履修した児童館・児童クラブ等に従事する現任者
②児童健全育成推進財団が認定する児童厚生員養成校にて所定の課程を修了した者

となっています。

さらに1級では、「2級指導員の要件を満たしていて児童館・児童クラブで3年以上の実務経験を有する者であって、かつ本財団が定める中級研修を修了した現任者」、児童健全育成指導士は、「2級指導員の認定要件を満たし、児童館・児童クラブで5年以上の実務経験を有する者であって、かつ本財団が定める上級研修および所定の課題（実践論文）を修めた者」などとなっています。

ベビーシッター

(社) 全国ベビーシッター協会
http://www.netcircus.com/babysitter

Q1 どんな仕事？

ベビーシッターは、仕事や急用で家を留守にしなければならない保護者に代わり、子供の世話をする仕事。出産後に職場復帰を希望する女性が増え、また核家族化によって子供の世話をする手が不足しているなどの事情から、ベビーシッターは育児の専門家として注目を集めています。

2000年には「ベビーシッター資格認定試験」がスタートしました。資格がなくても仕事をすることは可能ですが、きちんと勉強し訓練を受けた有資格者であることは、子供を預ける保護者にとって信頼関係を築くうえでも、また子供の安全を考えたうえでもメリットの大きいことです。

この仕事をするうえで必要なのは、まず子供が好きであるということ。しかし、乳児や幼児を世話するということは、命を預かるといっても過言ではありません。誤飲や落下などの事故を回避する洞察力や有事の際の冷静な判断力、責任感も必要です。

Q2 どんな職場があるの？

個人の家、デパートやイベント会場の託児ルーム、各種保育所、ファミリーサポートセンターなどがあります。また、最近では社内保育所を設ける企業もあり、こうした場所でのニーズが増える可能性があります。

Q3 雇用形態と初任給は？

正規職員として勤務する場合は、その勤務場所によってまちまちですが、時給に換算した場合の平均はおよそ1500円です。

Q4 将来性は？

派遣会社に登録して個人宅に赴いたり、保育ママとして自宅で子どもを預かるなど、仕事のスタイルはいろいろ。学業や主婦業の空き時間にパートタイマーとして働いたり、副業として働く人も増えています。働く日数や時間が、他の職業と比べ融通がきくのも人気の

■試験のデータ
- ■申込期間　6月上旬～下旬
- ■試験日　7月上旬
- ■試験地　東京、名古屋、大阪
- ■合格率　約90%
- ■試験内容　ベビーシッターとしての基礎的知識および技術、在宅保育・個別保育の特性および専門性を配慮し、ベビーシッターとしての専門的知識および技術について、研修Ⅰ（協会主催の新任研修）および研修Ⅱ（研修Ⅰを終了した者が受講する協会主催の現任Ⅰ研修）で履修した16科目全般から出題
- ■受験料　11,000円（2013年）
- ■合格後　合格すると認定証および登録証が発行（登録料：4000円）

■問い合わせ先
社団法人全国ベビーシッター協会
〒160-0017　東京都新宿区左門町6-17　YSKビル7階
TEL：03-5363-7455

理由の一つです。女性の勤労意欲や地位の向上により、今後もますますニーズは高まっていくと考えられます。最近はレストランやホテル、美容院、デパートなどでもベビーシッターをおいているところが増え、活躍の場はますます広がっています。

Q5 ベビーシッターになるには？

全国の大手ベビーシッター会社が加盟する（社）全国ベビーシッター協会によって2000年から資格認定制度が開始され、一定の要件を満たすベビーシッターに対し「認定ベビーシッター」資格が与えられるようになりました。

認定ベビーシッター資格を取得する方法は2つ。1つは認定試験を受験する方法で、受験資格は以下の通り。

①18歳以上であること、②研修Ⅰ（協会主催の新任研修）を受講し修了証を有していること、③研修Ⅱ（研修Ⅰを終了した者が受講する協会主催の現任Ⅰ研修）を受講し修了証を有していること、④ベビーシッターの実務経験を有していること

以上4つの要件を満たす必要があります。

もう1つは、「認定ベビーシッター資格取得指定校」として協会が指定した保育士養成校において指定科目を履修する方法。すべての科目を修了し、卒業することで資格が与えられます。

福祉用具専門相談員

全国福祉用具専門相談員協会
http://www.zfssk.com/

Q1 どんな仕事？

福祉用具専門相談員とは、介護が必要な高齢者や障害者に福祉用具をレンタルしたり販売する際、その選び方や使用法について指導する仕事。直接利用者宅を訪問し、高齢者や介護者にあった用具をアドバイスしたり、使用方法を教えたりします。

介護保険制度では、福祉用具のレンタル（12種目）・販売（5種目）が保険給付の対象となっているので、指定福祉用具貸与事業所（レンタル店や販売店）には、2名以上の福祉用具専門相談員を配置することが定められています。

利用者の病状や障害の度合いを適切に判断し、また介護する人のニーズも取り入れ、最もふさわしい福祉用具を選定し、わかりやすくていねいに指導しなければなりません。

介護保険の対象となる福祉用具は、車椅子、特殊ベッド、褥瘡（床ずれ）予防用具、体位変換器、手すり、スロープ、歩行器、歩行補助杖、痴呆性老人徘徊感知器、移動用リフトなどから、障害者用の食器やステーショナリー、日用雑貨まで多岐にわたります。

福祉用具専門相談員は福祉用具のエキスパートとしてこれらの福祉用具に関する深い知識が要求されます。

Q2 どんな職場があるの？

福祉用具貸与事業所、福祉用具メーカー・販売所、その他福祉関連施設などがあります。

Q3 雇用形態と初任給は？

正規社員、パート従業員など雇用形態はさまざまです。販売所勤務の場合、初任給の目安はおよそ16万円からとなっています。

Q4 将来性は？

高齢化社会における介護の必要な高齢者や、障害者への福祉サービスの充実が図られ、福祉用具が広く普及しつ

つある現在、これらの用具に対する専門的な知識を持つ者のニーズは高まってきています。また、指定福祉用具貸与事業所には2名以上の配置が義務づけられたことにより、有資格者のニーズはますます高くなると考えられます。

Q5 福祉用具専門相談員になるには？

この資格は、いまのところ受験資格も試験も必要ありません。厚生労働大臣が指定した講習会の課程を修了すれば、福祉用具専門相談員になれます。

厚生労働大臣が指定した「福祉用具専門相談指定講習会」では、講義と実習を全40時間受講することが必要です。ただし、介護福祉士、義肢装具士、保健師、看護師、准看護師、理学療法士、作業療法士、社会福祉士、介護職員初任者研修などの資格取得者については、講習を受けなくても福祉用具専門相談員の要件として認められます。

福祉用具専門相談指定講習会の概要は、次のようになっています。

＜講義内容＞
①老人保健福祉に関する基礎知識
■老人保健制度の概要
●老人保健福祉の基本制度。老人保健福祉サービス。関連法規の理解。

②介護と福祉用具に関する知識
■介護に関する基礎知識
●介護の目的、機能と基本制度。住宅介護の特徴と基本的対応。福祉サービスに携わる者としての倫理および責務。
■介護技術
●食事、排泄、入浴等の基本的な介護技術。体位変換、移動時等の基本的な介護。
■介護場面における福祉用具の活用
●介護場面おける福祉用具利用についての理解。福祉用具の選定相談および適合性の確認。一般的機器の操作方法、安全のための諸注意点検方法、消毒方法等の理解
③関連領域に関する基礎知識
■高齢者等の心理
●高齢者の生活。行動と心理。高齢者の家族に対する理解
■医学の基礎知識
●人体の基礎的構造。老齢期に見られる疾気と障害
■リハビリテーション概要
●理学療法、作業療法を中心としたリハビリテーションの基礎知識。リハビリステーションにおける福祉用具の役割およびその活用
④福祉用具の活用に関する実習

取材・執筆／浅利太郎太・阿部幸・大北幹子・下田亜依・中元彩紀子
本文イラスト／市野智絵

福祉・介護の仕事&資格がわかる本

2010年9月30日　初版第1刷発行
2013年12月10日　第3版第1刷発行

編　　者　　資格試験研究会
発行者　　池澤徹也
発行所　　株式会社 実務教育出版
　　　　　　東京都新宿区新宿1−1−12　〒163−8671
　　　　　　☎ 編集 03−3355−1812　販売 03−3355−1951
　　　　　　振替 00160−0−78270
印刷・製本　株式会社 日本制作センター

©JITSUMUKYOIKU SYUPPAN 2010 Printed in Japan
ISBN 978-4-7889-0363-0 C 0000
落丁・乱丁は本社にてお取り替えいたします。